ステップ30

Word 2021

ワークブック

カットシステム

もくじ

Step 01 Wordの起動と文字入力 ···································· 6

Wordの役割 ／ Wordの起動 ／ Wordの起動画面 ／
日本語の入力と漢字変換 ／ 変換対象の変更 ／ カーソルの移動 ／
半角文字の入力 ／ 文字の削除

Step 02 ファイルの保存と読み込み ······························· 10

文書をファイルに保存する ／ 保存した文書をWordで開く ／
ファイルの上書き保存 ／ OneDriveにファイルを保存する ／
自動保存に付いて

Step 03 Wordの画面構成 ·· 14

Wordの画面構成 ／ タブの選択とリボンの表示 ／ 表示倍率の変更 ／
表示モードの変更

Step 04 文字の書式設定（1） ······································ 18

文字の選択 ／ 文字の書式の指定 ／ フォントの指定 ／
文字サイズの指定 ／ 文字色の指定 ／ 新たに入力する文字の書式

Step 05 文字の書式設定（2） ······································ 22

太字、斜体、下線などの指定 ／ 蛍光ペンと文字の効果 ／
その他の文字書式 ／「フォント」ウィンドウの活用

Step 06 段落の書式設定（1） ······································ 26

段落とは？ ／ 段落の選択と段落書式の指定 ／ 文字の配置の指定

Step 07 段落の書式設定（2） ······································ 30

グリッド線の表示 ／ 行間の考え方 ／ 行間の指定 ／
インデントの指定 ／「段落」ウィンドウの活用

Step 08 箇条書きと段落番号 ······································ 34

箇条書きの指定 ／ 箇条書きの解除 ／ 段落番号の指定 ／
段落番号を階層化する

Step **09** **段落の罫線と網かけ** ··· 38

段落の罫線の描画 ／ 罫線の詳細設定と段落の網かけ

Step **10** **スタイルの活用** ··· 42

スタイルとは？ ／ スタイルの適用 ／ スタイルの作成 ／
作成したスタイルの適用

Step **11** **アウトライン レベルとスタイルの変更** ············· 46

アウトライン レベルの指定 ／ アウトライン レベルの確認 ／
スタイルの書式変更

Step **12** **ヘッダーとフッター** ··· 50

ヘッダー・フッターとは？ ／ ヘッダー・フッターの指定 ／
ヘッダー・フッターを自分で入力 ／ ページ番号の入力

Step **13** **表紙と目次の作成** ··· 54

表紙の作成 ／ 目次の作成 ／ ページ区切りの挿入 ／ 目次の更新

Step **14** **文書の印刷とPDFの作成** ····································· 58

印刷プレビューの確認 ／ 印刷の設定 ／ PDFの作成

Step **15** **ページ設定** ··· 62

用紙サイズの変更 ／ 用紙の向きの変更 ／ 横書き／縦書きの変更 ／
余白の変更 ／「ページ設定」ウィンドウ

Step **16** **表の作成（1）** ··· 66

表の作成と文字入力 ／ 行、列の挿入 ／ 行、列の削除 ／
表内の文字の配置

Step **17** **表の作成（2）** ··· 70

表内の文字の書式 ／ 表のスタイル ／ セルの背景色の指定 ／
罫線の書式の変更

Step ⑱ **表の作成（3）** ･･ **74**

表のサイズ変更 ／ 列の幅、行の高さの変更 ／
列の幅、行の高さを揃える ／ 表の移動 ／ セルの結合

Step ⑲ **画像の利用（1）** ･･ **78**

画像の挿入 ／ 画像のサイズ変更 ／ 画像の配置 ／ 画像の移動 ／
画像のレイアウト

Step ⑳ **画像の利用（2）** ･･ **82**

画像の回転 ／ 画像の切り抜き ／ 色調の調整 ／ 図のスタイル ／
図の枠線、図の効果

Step ㉑ **図形の描画** ･･ **86**

図形の描画 ／ 塗りつぶしと枠線 ／ 図形の効果 ／ 図形のスタイル

Step ㉒ **テキストボックスとワードアート** ･･････････････････････ **90**

テキストボックスの作成 ／ テキストボックスの移動とサイズ変更 ／
テキストボックスの書式指定 ／ 図形をテキストボックスとして使う ／
ワードアートの作成 ／ ワードアートの書式指定

Step ㉓ **グラフの作成（1）** ･･ **94**

グラフの作成 ／ グラフのサイズ変更と移動

Step ㉔ **グラフの作成（2）** ･･ **98**

グラフ内に表示する要素 ／ グラフ スタイルの変更 ／
グラフ フィルターの活用 ／ グラフのデザインの詳細設定

Step ㉕ **SmartArt の作成（1）** ････････････････････････････････････ **102**

SmartArt の作成手順 ／ 図形の追加と削除 ／ 図形内の文字の書式

Step 26 SmartArtの作成（2） ································· 106

図形のレベル ／ SmartArt のスタイル ／ SmartArt の色の変更 ／
［書式］タブを使った書式の変更

Step 27 タブの活用 ··· 110

ルーラーの表示 ／ タブの概要とタブの入力 ／ タブ位置の指定 ／
タブ位置の種類 ／ リーダーの指定

Step 28 検索と置換 ··· 114

文字の検索 ／ 文字の置換

Step 29 変更履歴の活用 ··· 118

変更履歴を有効にする ／ 変更履歴の記録 ／ コメントの入力 ／
変更履歴の承諾 ／ コメントの削除 ／ 変更履歴を無効に戻す

Step 30 数式の入力 ··· 122

数式ツールの起動と文字入力 ／ 数式で使う記号の入力 ／
ギリシャ文字などの入力 ／ かっこの入力 ／
上付き文字、下付き文字の入力 ／ 数式入力の完了

◆サンプルファイルと演習で使うファイルのダウンロード

本書で紹介したサンプルファイル、ならびに演習で使用する文書ファイル、画像ファイルは、
以下のURLからダウンロードできます。

https://cutt.jp/books/978-4-87783-855-3/

Step 01 Wordの起動と文字入力

Wordは、さまざまな文書を作成できるアプリケーションです。最初の演習となるステップ01では、Wordの起動方法と文字入力、漢字変換について学習します。

1.1 Wordの役割

Wordは、論文やレポート、仕事で使う書類、掲示物、ハガキなど、あらゆる文書の作成に利用できるアプリケーションです。作成した文書は、プリンターで印刷したり、電子メールに添付して送信したりできます。仕事や研究に欠かせないアプリケーションなので、ぜひ使い方を覚えておいてください。

1.2 Wordの起動

それでは、Wordの使い方を解説していきましょう。まずは、Wordを起動するときの操作手順を解説します。

 ワンポイント

すべてのアプリ
スタートメニューに「Word」のアイコンが表示されていない場合は、[すべてのアプリ]をクリックし、てアプリの一覧から「Word」を選択します。

スタートメニューを開き、「Word」のアイコンをクリックします。

1.3 Wordの起動画面

Wordを起動すると、以下の図のような画面が表示されます。ここで「**白紙の文書**」をクリックすると、何も入力されていない白紙の文書が画面に表示されます。

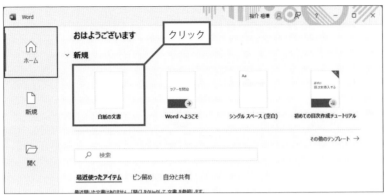

起動直後の画面

1.4 日本語の入力と漢字変換

Wordに日本語を入力するときは、**ローマ字入力**を使うのが一般的です。漢字を含む文章は、「読みをローマ字で入力」→「漢字変換」→「確定」という手順で入力します。漢字変換は［**スペース**］キーで実行します。続いて［**Enter**］キーを押すと、漢字変換を確定できます。同様の手順でカタカナや記号に変換することも可能です。

ワンポイント

「ん」の入力
「きねん」と「きんえん」のように、ローマ字の表記が同じ単語を入力するときは、［N］キーを2回押して「ん」を入力します。

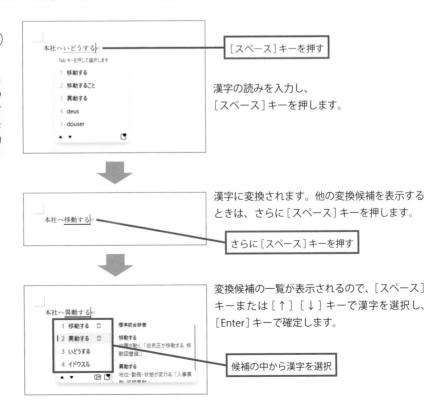

［スペース］キーを押す

漢字の読みを入力し、［スペース］キーを押します。

漢字に変換されます。他の変換候補を表示するときは、さらに［スペース］キーを押します。

さらに［スペース］キーを押す

変換候補の一覧が表示されるので、［スペース］キーまたは［↑］［↓］キーで漢字を選択し、［Enter］キーで確定します。

候補の中から漢字を選択

1.5 変換対象の変更

漢字変換は**文節単位**で操作します。変換対象とする分節を移動するときは、[←] **キー**または
[→] **キー**を押します。もちろん、この操作は[Enter] キーで漢字変換を確定する前に行わなけ
ればいけません。

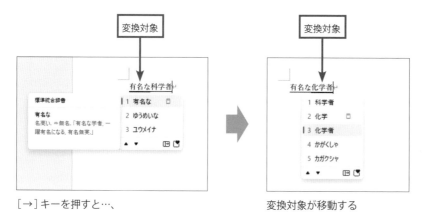

[→] キーを押すと…、　　　　　　　　　　　　　変換対象が移動する

1.6 カーソルの移動

文字を入力する位置を示す**カーソル**は、マウスのクリックで移動させます。そのほか、[←] [→]
[↑] [↓]の**キー**を押してカーソルを移動させることも可能です。

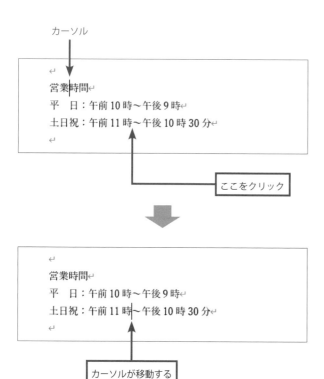

1.7　半角文字の入力

アルファベットや数字、記号などを半角で入力するときは［**半角 / 全角**］**キー**を押して**半角入力モード**に切り替えます。もういちど［**半角 / 全角**］キーを押すと**全角入力モード**に戻ります。

全角入力モードのときは「あ」と表示されます。
※［カタカナ ひらがな］キーでも全角入力モードに切り替えられます。

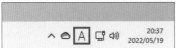

半角入力モードのときは「A」と表示されます。
※［Caps Lock］キーでも半角入力モードに切り替えられます。

1.8　文字の削除

入力した文字を削除するときは、［**BackSpace**］**キー**または［**Delete**］**キー**を利用します。［BackSpace］キーを押したときは、カーソルの前にある文字が1文字削除されます。［Delete］キーを押したときは、カーソルの後にある文字が1文字削除されます。

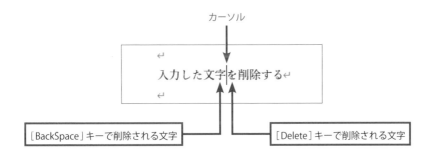

演 習

（1）Wordを起動し、以下の文章を入力してみましょう。

富士山↵
富士山には 4 つの登山ルートがあり、それぞれのルートで「五合目の標高」は異なります。その標高差は最大で 900 メートル以上になるため、ルートによって登山の難易度は大きく変化します。↵
↵

（2）「メートル」の文字を半角の「m」に修正してみましょう。

Step 02

ファイルの保存と読み込み

Wordで作成した文書はファイルに保存して管理します。ステップ02では、文書をファイルに保存する方法と、保存したファイルを読み込む方法を解説します。

2.1 文書をファイルに保存する

Wordで作成した文書をファイルに保存するときは、[ファイル]タブを選択し、以下のように操作します。

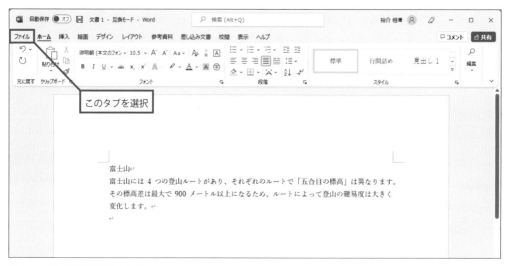

[ファイル]タブを選択します。

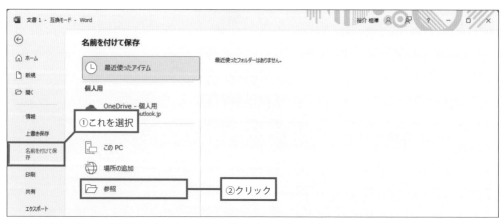

「名前を付けて保存」を選択します。続いて、「参照」をクリックします。

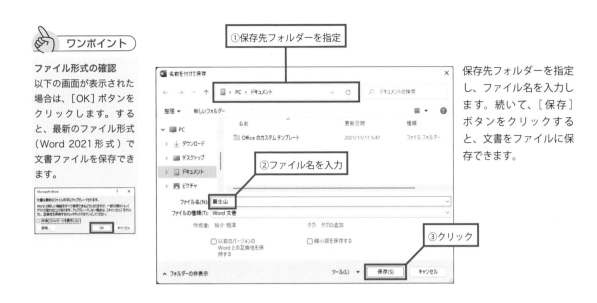

ワンポイント

ファイル形式の確認
以下の画面が表示された
場合は、[OK]ボタンを
クリックします。する
と、最新のファイル形式
（Word 2021形式）で
文書ファイルを保存でき
ます。

①保存先フォルダーを指定

②ファイル名を入力

③クリック

保存先フォルダーを指定
し、ファイル名を入力し
ます。続いて、［保存］
ボタンをクリックする
と、文書をファイルに保
存できます。

2.2　保存した文書をWordで開く

　文書をファイルに保存できたら、いちどWordを終了し、ファイルを正しく開けるか確認して
みましょう。保存したファイルのアイコンを**ダブルクリック**すると、その文書をWordで開くこ
とができます。

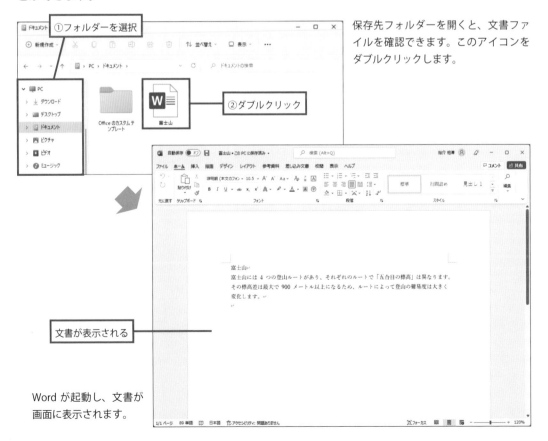

①フォルダーを選択

②ダブルクリック

保存先フォルダーを開くと、文書ファ
イルを確認できます。このアイコンを
ダブルクリックします。

文書が表示される

Word が起動し、文書が
画面に表示されます。

2.3 ファイルの上書き保存

ワンポイント

[Ctrl]+[S]キー
上書き保存をキーボード
で実行することも可能で
す。この場合は、[Ctrl]
キーを押しながら[S]
キーを押します。便利な
操作方法なので、ぜひ覚
えておいてください。

すでに保存されている文書を修正したときは、**上書き保存**を実行しておく必要があります。この操作はクイックアクセス ツールバーにある🖫をクリックすると実行できます。

2.4 OneDrive にファイルを保存する

Wordで作成した文書を**OneDrive**に保存することも可能です。OneDriveはマイクロソフトが提供する無料のクラウド ストレージで、インターネット上にファイルを保存できるサービスです。自分のパソコンだけでなく、学校にあるパソコンなどでも文書の閲覧や編集を行いたい場合は、OneDriveに文書ファイルを保存しておくとよいでしょう。

※OneDriveを利用するには、Microsoftアカウントでサインインしておく必要があります。

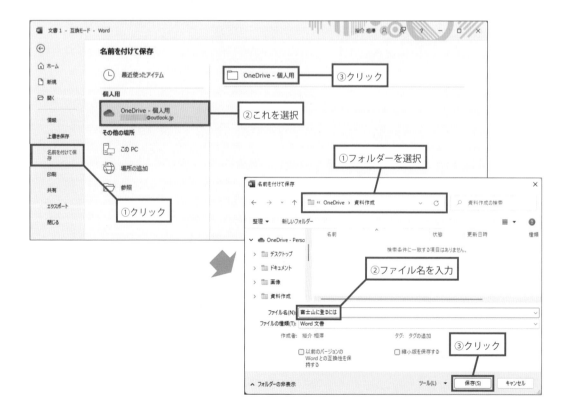

2.5　自動保存について

OneDriveに文書ファイルを保存すると**自動保存**が「オン」になり、自動的に**上書き保存**が実行されるようになります。このため、自分で上書き保存を実行しなくても「常に最新の状態」に文書ファイルを保つことができます。

自動保存が「オン」になる

ただし、操作ミスをしたときも自動保存が実行されることに注意してください。たとえば、誤操作により文章を削除してしまうと、その文章を削除した状態でファイルの上書き保存が実行されます。このようなトラブルを避けるには**自動保存を「オフ」**にして、自分で上書き保存するように設定を変更しておくと確実です。

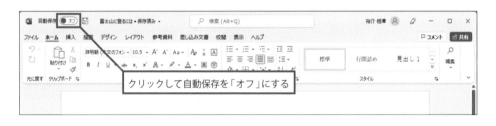

クリックして自動保存を「オフ」にする

演　習

（1）以下のように文章を入力し、文書を**ファイルに保存**してみましょう。

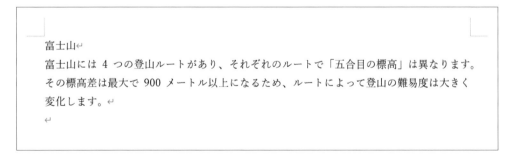

（2）いちどWordを終了したあと、**演習（1）**で保存したファイルをダブルクリックして文書を開いてみましょう。

（3）続いて、文書の1行目を「**富士山に登るには？**」に変更し、**上書き保存**してみましょう。

Step 03 Wordの画面構成

ステップ03では、Wordの画面構成について解説します。タブの切り替え、文書の拡大／縮小などをスムーズに行えるように、各部の名称と基本的な操作方法を学習してください。

3.1 Wordの画面構成

　Wordは、以下のような画面構成になっています。まずは、各部の名称と大まかな役割を把握してください。

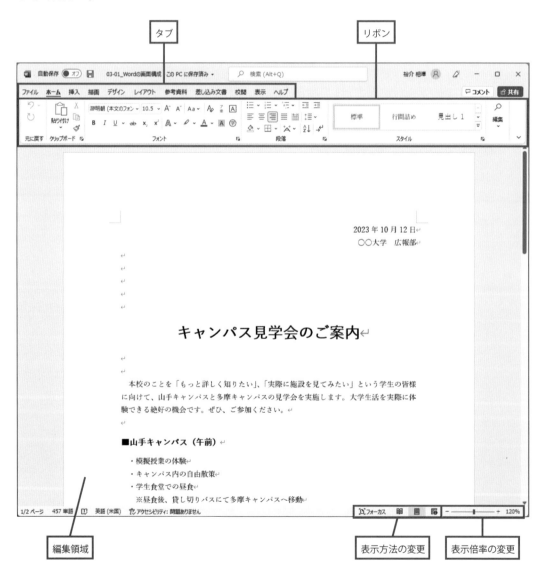

3.2 タブの選択とリボンの表示

リボンに表示されるコマンドは、選択している**タブ**に応じて変化します。このため、実際に文書を編集するときは、「タブで大まかな操作を選択」→「リボンでコマンドを選択」という手順で操作を進めていきます。

［挿入］タブを選択したときのリボンの表示

［レイアウト］タブを選択したときのリボンの表示

［表示］タブを選択したときのリボンの表示

リボンに表示されるコマンドは、**ウィンドウの幅**に応じて配置が変化します。ウィンドウの幅が狭いときは、アイコンだけの表示になったり、折りたたんで表示されたりすることに注意してください。

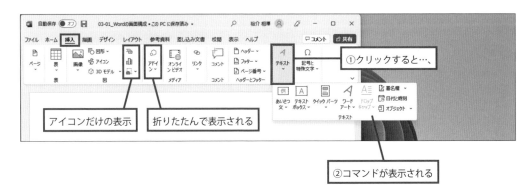

3.3　表示倍率の変更

編集領域に表示されている文書は、その表示倍率を自由に変更できます。表示倍率を変更するときは、ウィンドウ右下にある**ズーム**を操作します。

表示倍率を数値で指定
「○○%」と表示されている部分をクリックすると、「ズーム」ウィンドウが表示され、文書の表示倍率を数値（%）で指定できます。

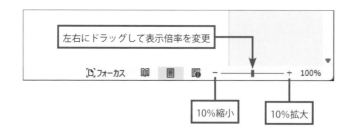

ホイールで拡大／縮小
マウスを使って文書の表示倍率を拡大／縮小することも可能です。この場合は、キーボードの[Ctrl]キーを押しながらマウスホイールを上下に回転させます。

小さい文字を編集するときは、表示倍率を拡大して作業を進めます。

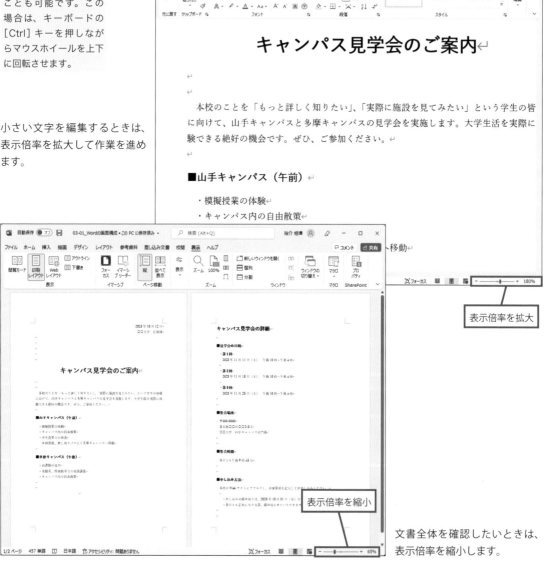

文書全体を確認したいときは、表示倍率を縮小します。

［**表示**］**タブ**のリボンにも、表示倍率を変更するためのコマンドが用意されています。このタブにある「**複数ページ**」をクリックすると、1画面に複数のページを表示できます。

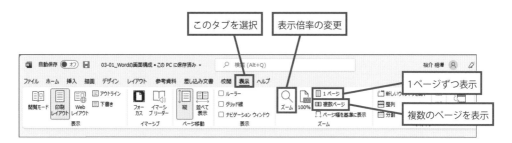

3.4 表示モードの変更

ウィンドウの右下には「表示モード」を変更するアイコンが配置されています。文書を編集するときは、**印刷レイアウト**の表示モードを選択するのが基本です。それぞれの表示モードは、以下のような用途に利用します。

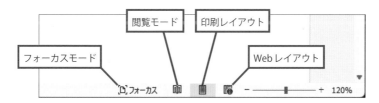

◆ フォーカスモード
文書を画面全体に表示します。［Esc］キーを押すと、通常の画面表示に戻ります。

◆ 閲覧モード
文書の閲覧だけを行うときに利用します（文書の内容は変更できません）。

◆ 印刷レイアウト
最も標準的な表示方法です。通常は、この表示モードで文書の編集を進めていきます。

◆ Web レイアウト
Wordを使ってWebページを作成する場合などに利用します。

演 習

（1）Wordを起動し、［**挿入**］〜［**ヘルプ**］の**タブ**を順番に選択してみましょう。
（2）**ステップ02の演習（3）**で保存したファイルを開き、**表示倍率を150%**に変更してみましょう。
（3）**マウスホイール**を使って、文書の表示倍率を拡大／縮小してみましょう。

文字の書式設定（1）

ここからは、実際にWordで文書を作成するときの操作方法について解説していきます。まずは、フォントや文字サイズ、文字色などを変更する方法を解説します。

4.1　文字の選択

文字の書式を指定するときは、最初に**文字の選択**を行います。この操作は、文字をなぞるようにマウスをドラッグすると実行できます。そのほか、［Shift］キーを押しながら［矢印］キーを押して文字を選択することも可能です。

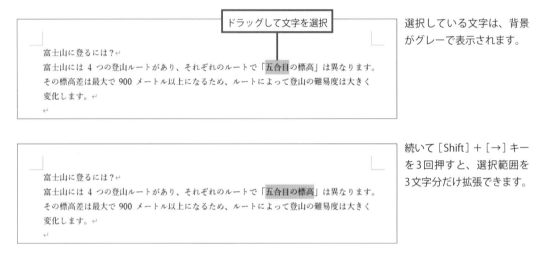

ドラッグして文字を選択

富士山に登るには？↵
富士山には 4 つの登山ルートがあり、それぞれのルートで「五合目の標高」は異なります。
その標高差は最大で 900 メートル以上になるため、ルートによって登山の難易度は大きく
変化します。↵
　↵

選択している文字は、背景がグレーで表示されます。

富士山に登るには？↵
富士山には 4 つの登山ルートがあり、それぞれのルートで「五合目の標高」は異なります。
その標高差は最大で 900 メートル以上になるため、ルートによって登山の難易度は大きく
変化します。↵
　↵

続いて［Shift］+［→］キーを3回押すと、選択範囲を3文字分だけ拡張できます。

文字の選択を解除するときは、適当な位置でマウスをクリックします。すると、文字の選択が解除され、クリックした位置にカーソルが移動します。

4.2　文字の書式の指定

文字を選択できたら、［ホーム］タブのリボンを操作して文字の書式を指定します。すると、選択していた文字の書式が「指定した書式」に変更されます。

ここで文字の書式を指定

4.3 フォントの指定

　それでは、文字の書式を指定する手順を具体的に解説していきましょう。まずは、文字の**書体**を変更する**フォント**の指定方法を解説します。

　フォントを変更するときは、游明朝 (本文のフォン ∨ （**フォント**）の ∨ をクリックします。続いて、一覧からフォント名を選択すると、選択していた文字のフォントを変更できます。

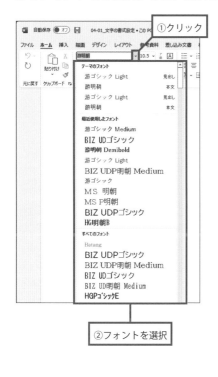

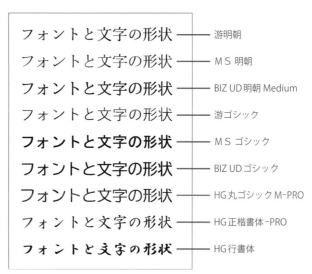

フォントと文字の形状	——	游明朝
フォントと文字の形状	——	ＭＳ明朝
フォントと文字の形状	——	BIZ UD明朝 Medium
フォントと文字の形状	——	游ゴシック
フォントと文字の形状	——	ＭＳゴシック
フォントと文字の形状	——	BIZ UDゴシック
フォントと文字の形状	——	HG丸ゴシックM-PRO
フォントと文字の形状	——	HG正楷書体-PRO
フォントと文字の形状	——	HG行書体

　なお、フォントには、**日本語フォント**と**欧文フォント**の2種類があることに注意してください。欧文フォントは半角文字専用のフォントになるため、全角文字に欧文フォントを指定することはできません。

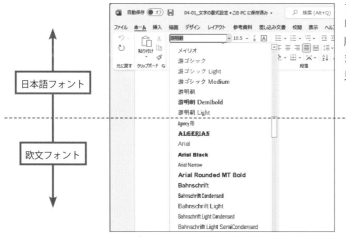

フォントの一覧（すべてのフォント）は、「日本語フォント」→「欧文フォント」の順番で、それぞれがABC順に並んでいます。この並び順でフォントの種類を見分けられます。

4.4 文字サイズの指定

文字サイズを変更するときは、10.5 ▼（**フォント サイズ**）の ▼ をクリックします。続いて、一覧から数値を選択すると、選択していた文字の文字サイズを変更できます。なお、ここに表示される数値の単位は**ポイント**となります。

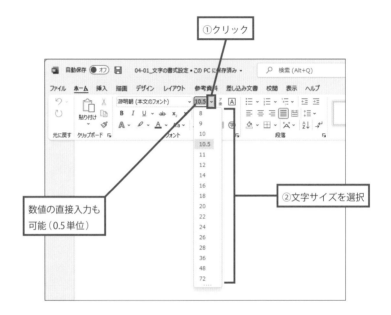

①クリック

数値の直接入力も
可能（0.5単位）

②文字サイズを選択

4.5 文字色の指定

文字色を指定するときは、▲（**フォントの色**）の ▼ をクリックします。続いて、一覧から色を選択すると、選択していた文字の文字色を変更できます。また、ここで「**その他の色**」を選択すると、「**色の設定**」ウィンドウが表示され、色を自由に指定できるようになります。

①クリック

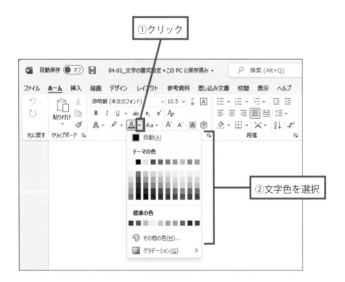

②文字色を選択

「色の設定」ウィンドウ

4.6　新たに入力する文字の書式

　Wordは、カーソルの直前にある文字の書式が自動的に引き継がれる仕組みになっています。たとえば、直前の文字が「游ゴシック Medium、16 ポイント、青色」であった場合、それ以降に入力する文字の書式も「游ゴシック Medium、16 ポイント、青色」になります。

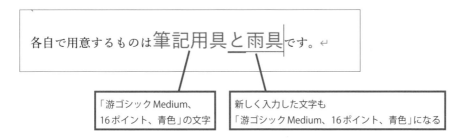

「游ゴシック Medium、16 ポイント、青色」の文字

新しく入力した文字も「游ゴシック Medium、16 ポイント、青色」になる

　そのほか、先に書式を指定してから文字を入力することも可能です。

①先に書式を指定

②指定した書式で文字が入力される

演習

（1）**ステップ 02 の演習（3）**で保存したファイルを開き、「富士山に登るには？」の**文字サイズ**を 16 ポイントに変更してみましょう。

（2）さらに、**フォント**を「BIZ UD明朝 Medium」に変更してみましょう。

（3）「標高差は最大で 900 メートル以上」の**文字色**を「赤」に変更してみましょう。
　　《作業後、ファイルを上書き保存しておきます》

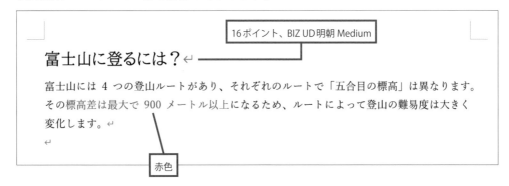

16ポイント、BIZ UD明朝 Medium

赤色

Step 05 文字の書式設定（2）

Wordには、太字や斜体、下線、蛍光ペン、文字の効果と体裁などの書式も
用意されています。続いては、これらの書式を指定するときの操作方法を
解説します。

5.1 太字、斜体、下線などの指定

［ホーム］タブには、**太字**や*斜体*、下線などの書式を指定するアイコンも用意されています。
また、H_2Oやx^2のように、添字（上下に付く小さい文字）の書式も指定できます。これらの書式は、
各アイコンをクリックするごとに有効/無効が切り替わります。

ワンポイント

下線の種類
二重線や点線などの下線
を指定することも可能で
す。この場合は、U（下
線）の▽をクリックして
線の種類を選択します。

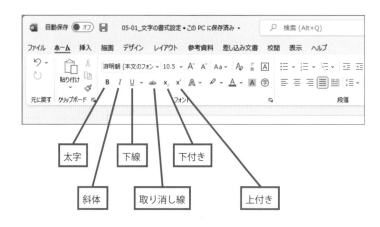

太字　下線　下付き
斜体　取り消し線　上付き

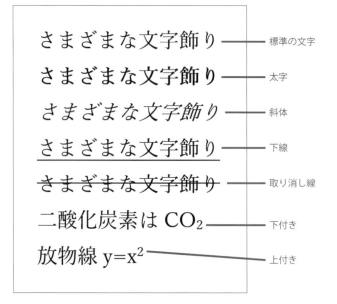

さまざまな文字飾り ── 標準の文字
さまざまな文字飾り ── 太字
さまざまな文字飾り ── 斜体
さまざまな文字飾り ── 下線
さまざまな文字飾り ── 取り消し線
二酸化炭素は CO_2 ── 下付き
放物線 $y=x^2$ ── 上付き

5.2 蛍光ペンと文字の効果

蛍光ペンでなぞったように色を付けるときは、🖊（**蛍光ペンの色**）の∨をクリックし、一覧から色を選択します。また、🅰（**文字の効果と体裁**）をクリックして、文字にさまざまな効果を加えることも可能です。

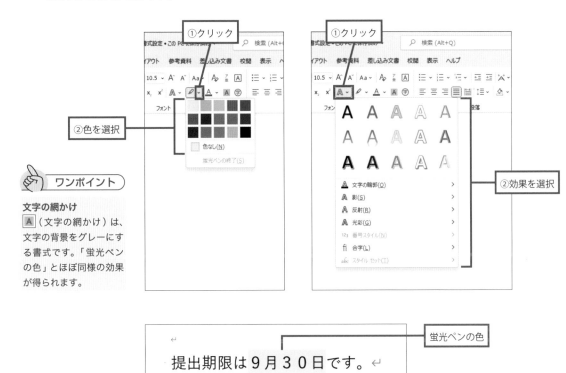

ワンポイント

文字の網かけ
🅰（文字の網かけ）は、文字の背景をグレーにする書式です。「蛍光ペンの色」とほぼ同様の効果が得られます。

5.3 その他の文字書式

そのほか、**ルビ**（ふりがな）、**囲み線**、**囲い文字**といった書式も用意されています。これらの書式を指定すると、以下のように文字を装飾できます。

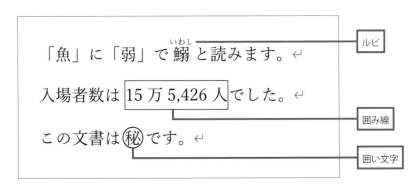

◆ルビ（ふりがな）

ルビ（ふりがな）を付ける文字を選択して [ア亜] （**ルビ**）をクリックすると、以下のようなウィンドウが表示されます。ここで漢字の上に表示する「ふりがな」を指定します。

◆囲み線

文字を選択して [A] （**囲み線**）をクリックすると、文字の周囲を線で囲むことができます。

◆囲い文字

㊙のように、○や□で囲った文字を作成できます。文字を1文字だけ選択して [字] （**囲い文字**）をクリックすると、以下のようなウィンドウが表示されます。ここで文字を囲む図形を指定します。

5.4 「フォント」ウィンドウの活用

文字の書式を「**フォント**」ウィンドウで指定することも可能です。「**フォント**」ウィンドウを表示するときは、「**フォント**」グループの右下にある [↘] をクリックします。

「フォント」ウィンドウには、2つのタブが用意されています。[**フォント**]**タブ**では、フォント／文字サイズ／文字色／文字飾りなどを指定できます。[**詳細設定**]**タブ**は、「文字と文字の間隔」を変更したり、「文字の縦横比」を変更したりする場合などに利用します。

[ホーム]タブに用意されていない文字飾りも指定できる

縦横比、文字間隔、上下位置の指定

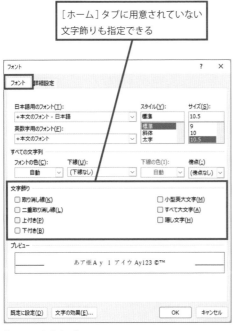

[フォント]タブ

[詳細設定]タブ

演習

(1) 以下の文章を入力し、「ドイツ語」の文字に**太字**と**下線**を指定してみましょう。また、「part-time job」と「side job」の文字に**斜体**を指定してみましょう。

> アルバイトの語源は**ドイツ語**です。↵
> 英語では、アルバイトのことを *part-time job* または *side job* といいます。↵
> ↵

(2) **演習(1)** で指定した**太字**、**斜体**、**下線**を解除してみましょう。
(3)「庭で人参を育てる」と入力し、「人参」の文字に**ルビ**を付けてみましょう。

段落の書式設定（1）

続いては、段落単位で指定する書式について解説します。このステップでは、段落の考え方、段落の選択方法、段落の「配置」を変更する方法について解説します。

6.1　段落とは？

Wordは「文章の先頭」から「改行」までを1つの**段落**として扱います。このため、[Enter]キーの入力が「段落の区切り」になります。これは、一般的な段落の考え方と同じです。ただし、「1行だけの文章」や「見出し」も1つの段落として扱われることに注意してください。

Wordの画面上には、改行した位置に ↵（**段落記号**）が表示されています。これを目印に段落を見分けるようにしてください。

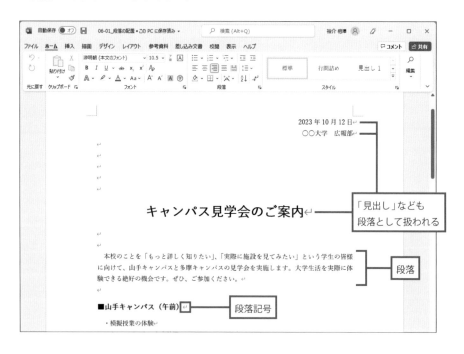

6.2　段落の選択と段落書式の指定

Wordには、段落を1つの単位として指定する**段落書式**も用意されています。段落書式を指定するときは、あらかじめ「対象とする段落」を選択しておく必要があります。

段落を選択するときは、**段落内にある文字を選択する**、または**段落内へカーソルを移動する**、といった操作を行います。この状態で段落書式を指定すると、その段落の書式を変更できます。

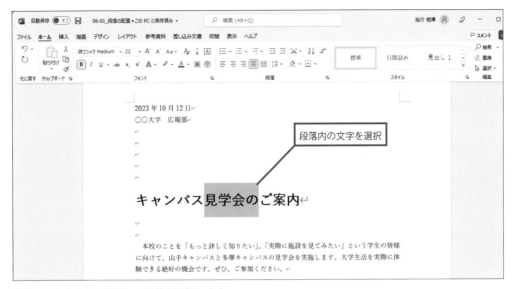

段落内にある文字を選択して段落を選択します。

［ホーム］タブにあるリボンで段落書式を指定します。

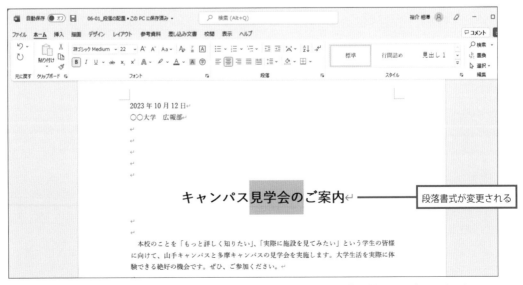

選択していた段落の書式が変更されます。この例では「配置」の段落書式を「中央揃え」に変更しました。

6.3　文字の配置の指定

　ここからは段落書式について具体的に解説していきます。まずは、文字を揃える位置を指定する「**配置**」について解説します。[**ホーム**]**タブ**には、以下のような5つのアイコンが表示されています。「配置」の書式を変更するときは、段落を選択した状態で各アイコンをクリックします。

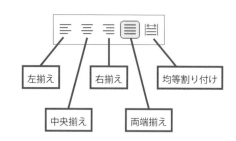

　これらのうち、一般によく利用されるのは「両端揃え」「中央揃え」「右揃え」の3種類です。以下に、具体的な例を示しておくので参考にしてください。

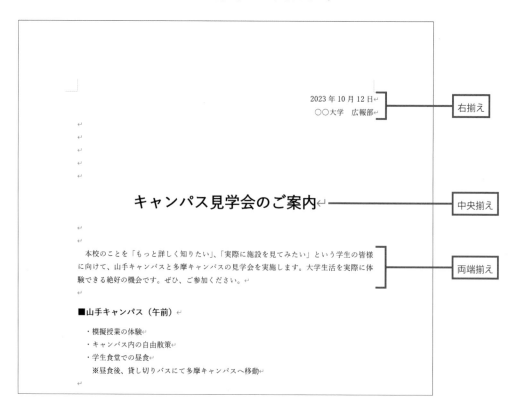

　「**左揃え**」と「**両端揃え**」はよく似た配置になりますが、右端の処理方法が異なります。「両端揃え」は文字と文字の間隔が微調整されるため、段落の右端も文字が揃えて配置されます。一方、「左揃え」は文字と文字の間隔が微調整されないため、右端が揃わない場合があります。

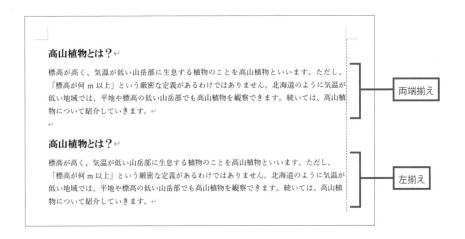

「**均等割り付け**」を指定すると、文書の幅に合わせて文字が等間隔で配置されます。なお、「**均等割り付け**」を指定するときは、**段落内の文字をすべて選択しておく必要があります**。

演 習

（1）以下の図のように文章を入力し、文書のタイトルに「**HGP 明朝E、16 ポイント**」の書式を指定してみましょう。

（2）各段落に以下の「**配置**」を指定してみましょう。

　《**作業後、文書をファイルに保存しておきます**》

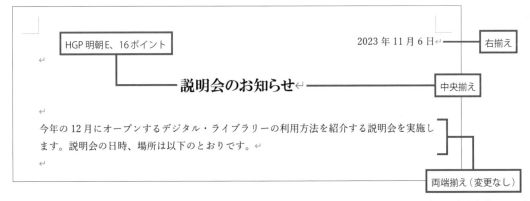

段落の書式設定（2）

ステップ07では、行間やインデントを指定する方法を解説します。これらも段落単位で指定する書式になります。また、「段落」ウィンドウを使って書式を指定する方法も紹介します。

7.1 グリッド線の表示

行間を指定するときは、画面に**グリッド線**を表示すると状況がわかりやすくなります。グリッド線は、以下のように操作すると表示できます。

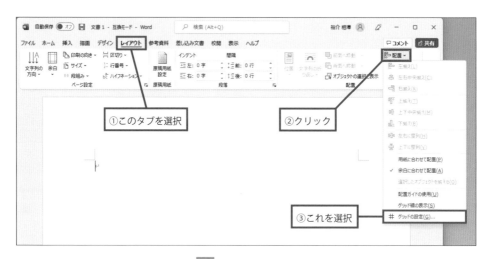

①このタブを選択
②クリック
③これを選択

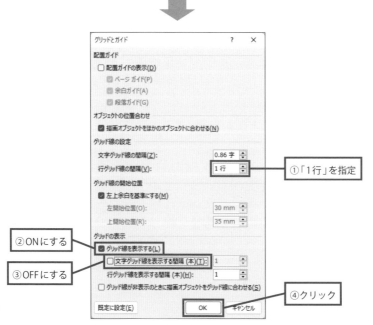

①「1行」を指定
②ONにする
③OFFにする
④クリック

ワンポイント

グリッド線の消去
グリッド線を消去して元の画面表示に戻すときは、左に示した設定画面で「グリッド線を表示する」をOFFにします。

7.2 行間の考え方

グリッド線は「1行の高さ」を示したもので、これが**行間**の基本単位になります。文字サイズを大きくすると、それに合わせて行間も2行分、3行分、……と大きくなっていきます。

たとえば、**文字サイズ**に11ポイントを指定すると、文字が「1行の高さ」に収まらなくなり、自動的に「2行分の行間」になります。このため、行間が急に大きくなったように感じます（フォントが「游明朝」の場合）。

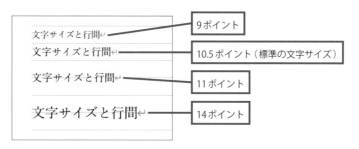

7.3 行間の指定

行間を変更するときは、[**ホーム**]**タブ**にある▤（**行と段落の間隔**）をクリックし、一覧から数値を選択します。この一覧に表示されている数値の単位は「1行の高さ」です。たとえば「2.0」を選択すると、その段落の行間を「2行分の高さ」に変更できます。

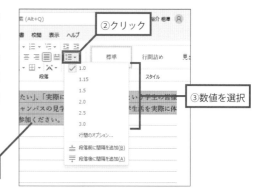

なお、行間を数値（ポイント）で細かく指定したい場合は、「**段落**」**ウィンドウ**を使って、以下の手順で行間を指定します。

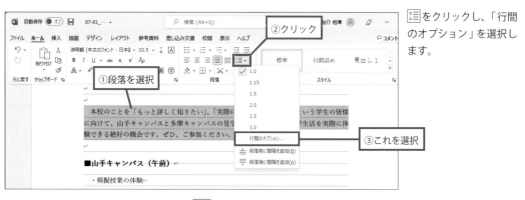

▤をクリックし、「行間のオプション」を選択します。

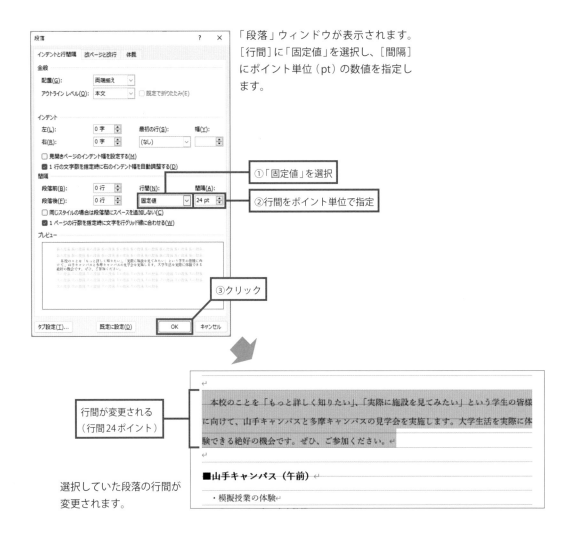

「段落」ウィンドウが表示されます。
［行間］に「固定値」を選択し、［間隔］
にポイント単位（pt）の数値を指定し
ます。

①「固定値」を選択

②行間をポイント単位で指定

③クリック

行間が変更される
（行間24ポイント）

選択していた段落の行間が
変更されます。

7.4 インデントの指定

　段落の左側に余白を設けたいときは、🗃（**インデントを増やす**）を利用します。🗃をクリックするごとに、段落の左側に1文字分の余白が追加されます。この余白を解除するときは、🗃（**インデントを減らす**）をクリックします。🗃をクリックするごとに、余白が1文字分ずつ削減されます。

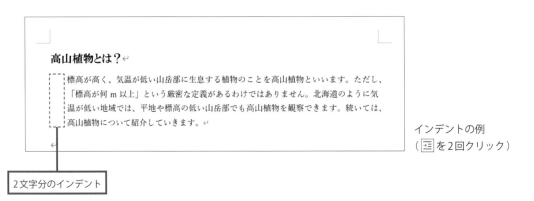

インデントの例
（🗃を2回クリック）

2文字分のインデント

7.5 「段落」ウィンドウの活用

これまでに紹介した段落書式を「段落」ウィンドウで指定することも可能です。「段落」ウィンドウを表示するときは、「段落」グループの右下にある ⤵ をクリックします。

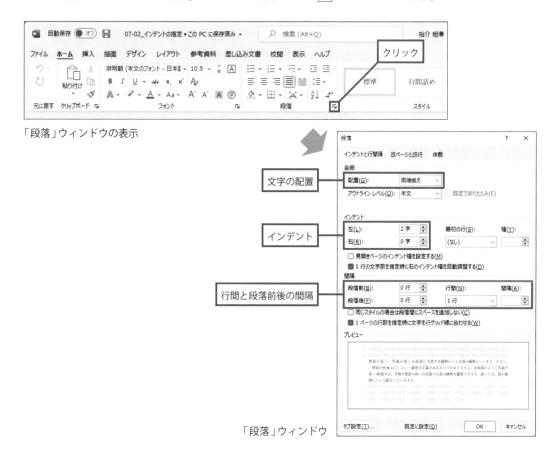

「段落」ウィンドウの表示

「段落」ウィンドウ

（1）ステップ04の演習（3）で保存したファイルを開き、本文の**行間**を「1.5」に変更してみましょう。
（2）さらに、本文に**2文字分のインデント**を指定してみましょう。

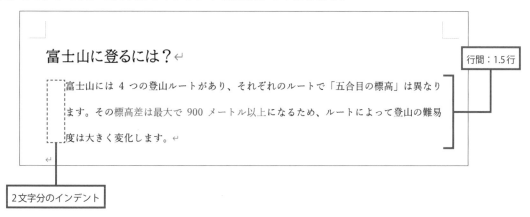

富士山に登るには？↵

富士山には 4 つの登山ルートがあり、それぞれのルートで「五合目の標高」は異なります。その標高差は最大で 900 メートル以上になるため、ルートによって登山の難易度は大きく変化します。↵

行間：1.5行

2文字分のインデント

Step 08 箇条書きと段落番号

文書にリストを作成するときは、「箇条書き」の書式を利用すると便利です。
ステップ08では、「箇条書き」や「段落番号」の書式を指定する方法を解説
します。

■ 8.1 箇条書きの指定

単語や文章を並べて記述するときに ▤（箇条書き）の書式を利用することも可能です。この書
式は段落書式の一つで、以下の手順で指定します。

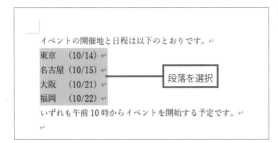

「箇条書き」の書式を指定する段落を
まとめて選択します。

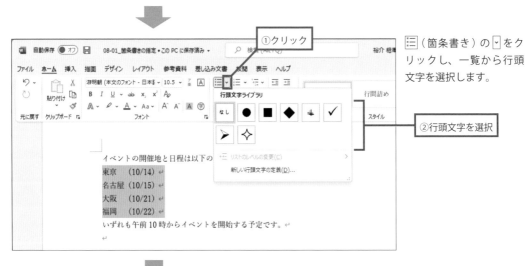

▤（箇条書き）の ⌄ をク
リックし、一覧から行頭
文字を選択します。

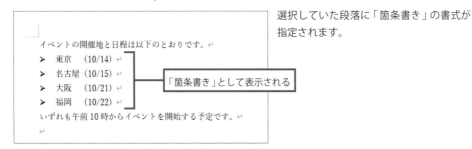

選択していた段落に「箇条書き」の書式が
指定されます。

8.2 箇条書きの解除

「箇条書き」の書式を解除するときは、（箇条書き）の⌄をクリックして「**なし**」を選択するか、もしくはをクリックしてOFFにします。

 ワンポイント

書式の引き継ぎ
「箇条書き」を指定した
段落で[Enter]キーを
押すと、次の段落にも
「箇条書き」の書式が
引き継がれます。これを
解除するときも、右の図
のように操作します。

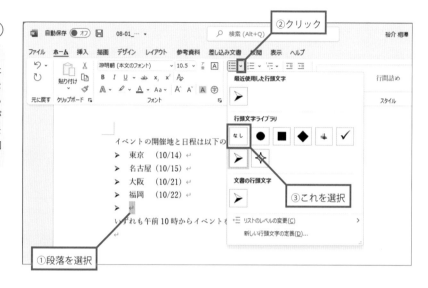

8.3 段落番号の指定

1、2、3、……などの番号を付けて単語や文章を並べるときは、（**段落番号**）を利用します。

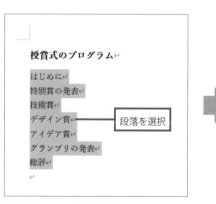

「段落番号」の書式を指定する段落を
まとめて選択します。

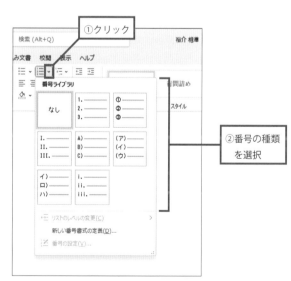

（段落番号）の⌄をクリックし、一覧
から「番号の種類」を選択します。

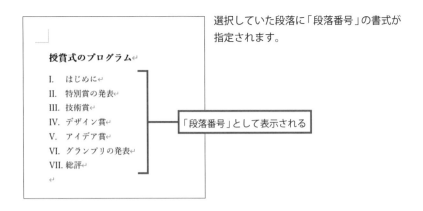

選択していた段落に「段落番号」の書式が
指定されます。

「段落番号」として表示される

8.4　段落番号を階層化する

「段落番号」のレベルを変化させて、それぞれの段落を階層化することも可能です。この場合は、
以下の手順で各段落のレベルを変更します。

下位レベルに変更する段落を
選択します。

段落を選択

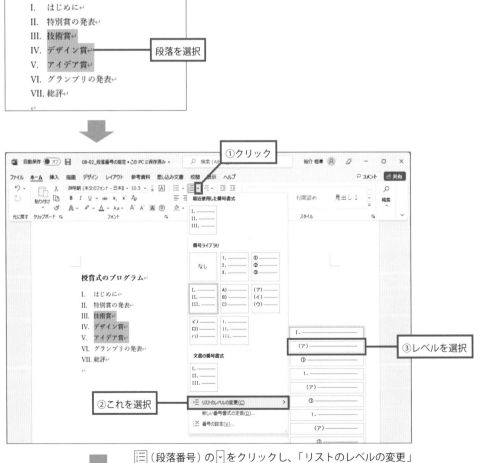

①クリック

②これを選択

③レベルを選択

(段落番号) の ✓ をクリックし、「リストのレベルの変更」
からレベルを選択します。

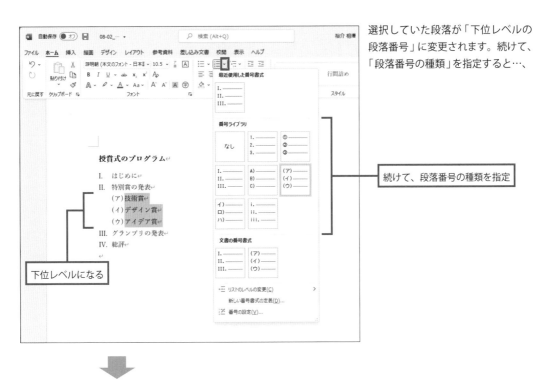

選択していた段落が「下位レベルの段落番号」に変更されます。続けて、「段落番号の種類」を指定すると…、

続けて、段落番号の種類を指定

下位レベルになる

下位レベルの「段落番号の種類」を変更できます。

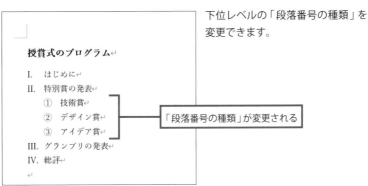

「段落番号の種類」が変更される

演習

(1) 以下のように文章を入力し、行頭文字が◆の「箇条書き」を指定してみましょう。

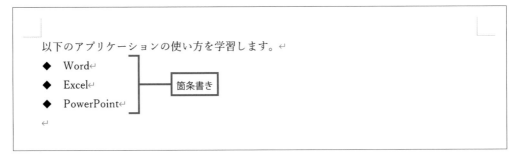

以下のアプリケーションの使い方を学習します。↵
◆　Word↵
◆　Excel↵
◆　PowerPoint↵
↵

箇条書き

(2) 演習 (1) で指定した「箇条書き」を解除してみましょう。

Step 09

段落の罫線と網かけ

続いては、段落の下に罫線を描画したり、段落を罫線で囲んで背景色を指定したりする方法を解説します。活用できる場面は意外と多いので、よく学んでおいてください。

9.1 段落の罫線の描画

段落の周囲に罫線を描画するときは、段落全体を選択し、⊞（罫線）で書式を指定します。たとえば、段落の下に罫線を描画するときは、以下のように操作します。

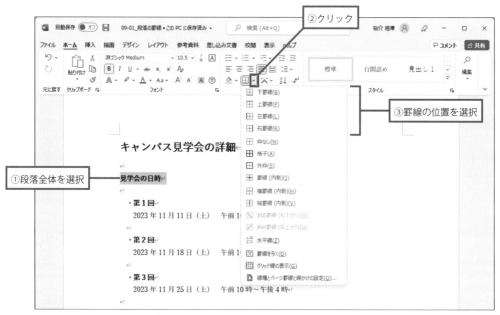

段落全体を選択した状態で⊞（罫線）の⌄をクリックし、「下罫線」を選択します。

文字の下に罫線が描画されます。

複数の段落をまとめて選択し、罫線を指定することも可能です。たとえば、選択した範囲を罫線で囲むときは、以下のように操作します。

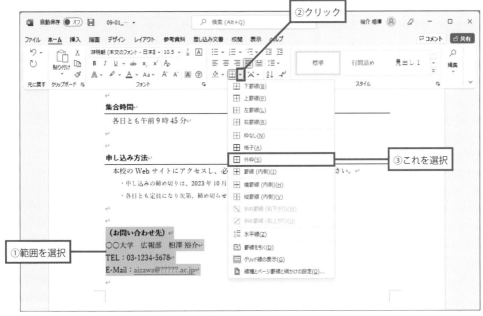

罫線で囲む範囲を選択します。続いて、⊞（罫線）の∨をクリックし、「外枠」を選択します。

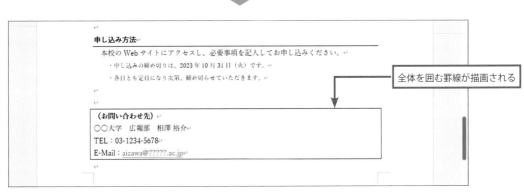

選択していた範囲を囲むように罫線が描画されます。

 **ワンポイント**

罫線の削除
描画した罫線を削除するときは、段落全体を選択した状態で⊞（罫線）から「枠なし」を選択します。

なお、段落内の一部の文字だけを選択した場合は、その文字だけを囲む罫線が描画されます。この場合、上下左右の罫線を指定することはできません。どの方向を指定した場合も文字を四角く囲む罫線が描画されます。

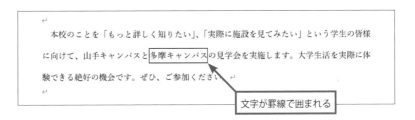

9.2 罫線の詳細設定と段落の網かけ

　線の種類や色、太さを指定して罫線を描画したり、段落の背景に**網かけ**（背景色）を指定したりすることも可能です。この場合は、⊞（罫線）から「**線種とページ罫線と網かけの設定**」を選択します。

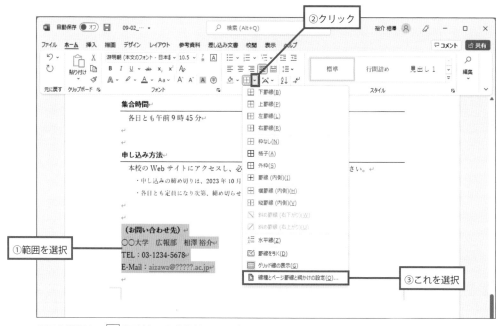

範囲を選択し、⊞（罫線）から「線種とページ罫線と網かけの設定」を選択します。

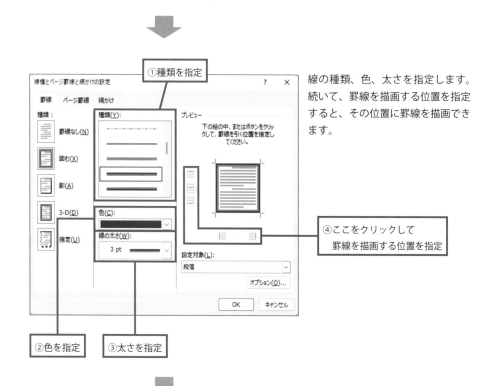

線の種類、色、太さを指定します。続いて、罫線を描画する位置を指定すると、その位置に罫線を描画できます。

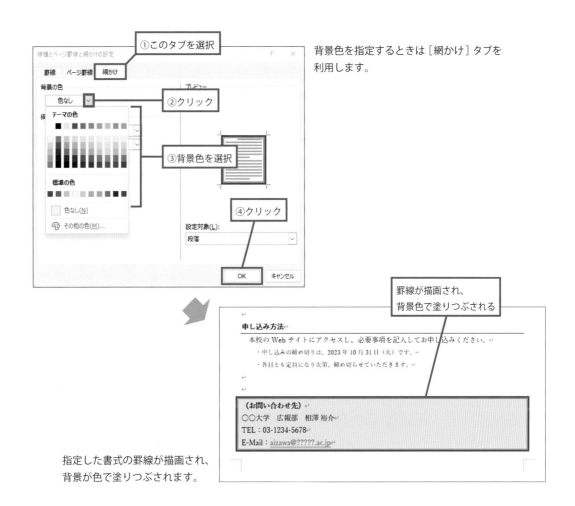

背景色を指定するときは［網かけ］タブを利用します。

① このタブを選択

② クリック

③ 背景色を選択

④ クリック

罫線が描画され、背景色で塗りつぶされる

指定した書式の罫線が描画され、背景が色で塗りつぶされます。

・・・・・・・・・・・・・・・・・ 演 習 ・・・・・・・・・・・・・・・・・

（1）**ステップ06の演習（2）で保存したファイルを開き、以下の文字を追加してみましょう。**

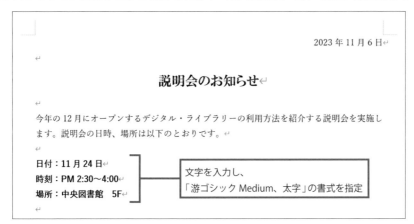

文字を入力し、「游ゴシック Medium、太字」の書式を指定

（2）「説明会のお知らせ」の段落に**下罫線**を描画してみましょう。

（3）「日付」～「場所」の範囲を**3ポイントの罫線で囲み**、背景色を指定してみましょう。

　　　※**各自の好きな色**を指定してください。

　　《作業後、ファイルを上書き保存しておきます》

Step 10 スタイルの活用

何ページもある長い文書を作成するときは、スタイルを使って文字や段落の書式を指定します。ステップ10では、スタイルの使い方について解説していきます。

10.1 スタイルとは？

長い文書を作成するときは、（大見出し）→（小見出し）→（本文）のように文書を階層化するのが一般的です。このような場合に活用できるのが**スタイル**です。

スタイルは**文字や段落の書式を一括指定できる機能**です。そのつど書式を指定しなくても、フォントや文字サイズ、文字の配置、インデントなどの書式をまとめて指定できます。

10.2 スタイルの適用

それでは、スタイルの具体的な使い方を解説していきましょう。まずは、「Wordに初めから用意されているスタイル」を段落に適用する方法を紹介します。

文字を選択した場合
段落内の一部の文字だけを選択した場合は、その文字だけにスタイルが適用されます。段落にスタイルを適用するときは、段落内の文字をすべて選択するようにしてください。

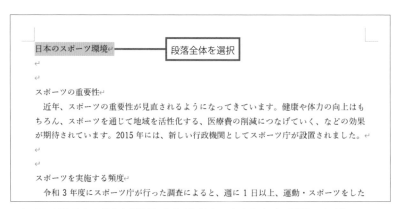

スタイルを適用する段落を選択します（段落内の文字をすべて選択します）。

[ホーム]タブの「スタイル」グループにある ⌄ をクリックします。

スタイルの解除

最初は、すべての段落に「標準」のスタイルが適用されています。このため、「標準」のスタイルを適用すると、文字や段落の書式を最初の状態に戻すことができます。

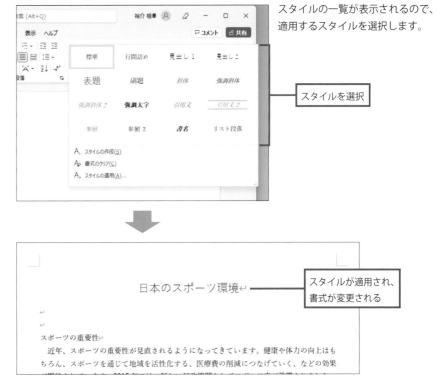

スタイルの一覧が表示されるので、適用するスタイルを選択します。

スタイルを選択

スタイルが適用され、書式が変更される

選択していた段落にスタイルが適用され、文字や段落の書式が変更されます。

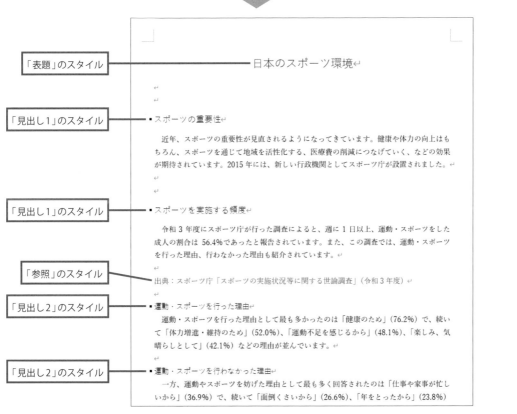

「表題」のスタイル

「見出し1」のスタイル

「見出し1」のスタイル

「参照」のスタイル

「見出し2」のスタイル

「見出し2」のスタイル

同様の操作を繰り返して、「見出し」などの段落に最適なスタイルを適用します。

10.3 スタイルの作成

「見出し」などのデザインを自分で指定して、それをもとにオリジナルのスタイルを作成することも可能です。自分で指定した書式をもとにスタイルを作成するときは、以下のように操作します。

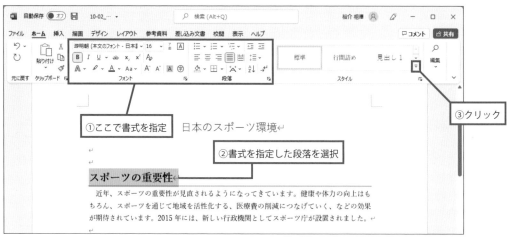

これまでに解説した方法で段落に書式を指定します。続いて、書式を指定した段落を選択し、「スタイル」の ⌄ をクリックします。

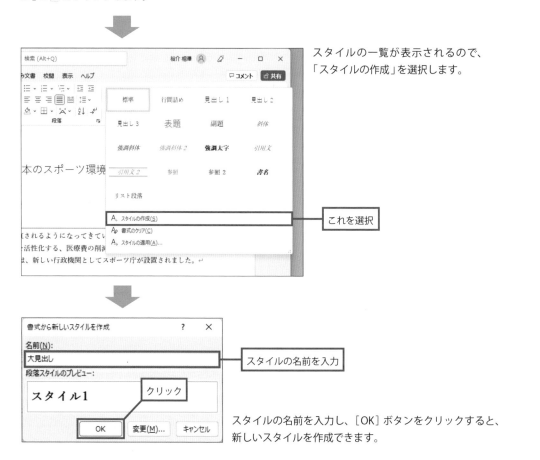

スタイルの一覧が表示されるので、「スタイルの作成」を選択します。

スタイルの名前を入力し、[OK] ボタンをクリックすると、新しいスタイルを作成できます。

10.4 作成したスタイルの適用

　自分で作成したスタイルも、「Wordに初めから用意されているスタイル」と同じ手順で利用できます。作成したスタイルを段落に適用するときは、以下のように操作します。

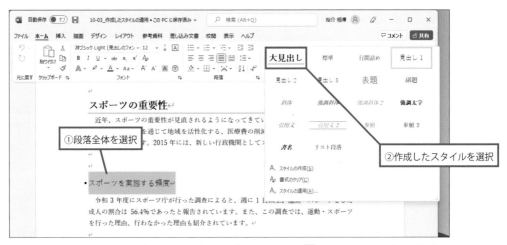

スタイルを適用する段落を選択します。続いて、「スタイル」の ▽ をクリックし、先ほど作成したスタイルを選択します。

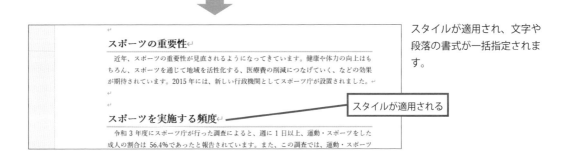

スタイルが適用され、文字や段落の書式が一括指定されます。

演習

（1）answer10-00.docxのファイルをダウンロードし、P43のようにスタイルを適用してみましょう。
　　※ https://cutt.jp/books/978-4-87783-855-3/ からダウンロードできます。
（2）「スポーツの重要性」と「スポーツを実施する頻度」の段落に適用したスタイルを解除してみましょう。
（3）「スポーツの重要性」の段落に、文字サイズ（16ポイント）、太字、下罫線（オレンジ色、2.25pt）、行間（固定値、24ポイント）の書式を指定し、「大見出し」という名前で新しいスタイルを作成してみましょう。
（4）演習（3）で作成した「大見出し」のスタイルを「スポーツを実施する頻度」の段落に適用してみましょう。
　　《作業後、ファイルを上書き保存しておきます》

アウトライン レベルとスタイルの変更

続いては、文書の階層構造を指定するアウトライン レベルについて解説します。また、自分で作成したスタイルの書式を変更するときの操作手順も紹介しておきます。

11.1 アウトライン レベルの指定

アウトライン レベルは「段落の役割」を指定する書式です。アウトライン レベルの初期値は「**本文**」に設定されているため、最初はすべての段落が「本文」として扱われます。

「見出し」として扱いたい段落は、アウトライン レベルを「**レベル1**」や「**レベル2**」などに変更しておく必要があります。各段落のアウトライン レベルを変更するときは、以下のように操作します。

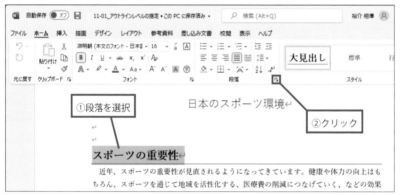

アウトライン レベルを変更する段落を選択し、[ホーム] タブの「段落」グループにある ⬚ をクリックします。

「段落」ウィンドウが表示されるので、適切なアウトラインレベルを指定し、[OK] ボタンをクリックします。

ワンポイント

スタイルのアウトライン レベル
Wordに初めから用意されている「見出し1」のスタイルを適用すると、その段落に「レベル1」のアウトライン レベルが自動指定されます。同様に、「見出し2」のスタイルを適用した段落には、「レベル2」のアウトライン レベルが自動指定されます。

11.2 アウトライン レベルの確認

アウトライン レベルを指定しても画面の表示は何も変化しません。そこで、指定されている
アウトライン レベルを簡単に確認する方法を紹介しておきます。

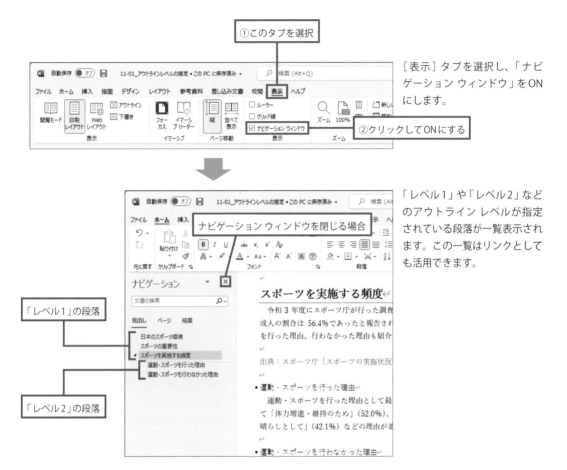

[表示] タブを選択し、「ナビ
ゲーション ウィンドウ」をON
にします。

「レベル1」や「レベル2」など
のアウトライン レベルが指定
されている段落が一覧表示され
ます。この一覧はリンクとして
も活用できます。

11.3 スタイルの書式変更

「見出し」の**スタイル**を自分で作成した場合は、そのスタイルにアウトライン レベルの書式を
含めておくのが基本です。すると、そのつど書式指定を行わなくても、適切なアウトライン レ
ベルを自動指定できるようになります。なお、すでにスタイルを作成してある場合は、以下のよ
うに操作してスタイルの書式を変更します。

[ホーム] タブを選択し、「スタイル」の をクリックします。

スタイルの一覧が表示されるので、書式を変更するスタイルを右クリックし、「変更」を選択します。

「文字の書式」を変更する画面が表示されます。今回は例として、フォントを「HGP 明朝 E」に変更し、「太字」の書式を解除しました。

「段落の書式」を変更するときは、[書式] ボタンをクリックし、「段落」を選択します。

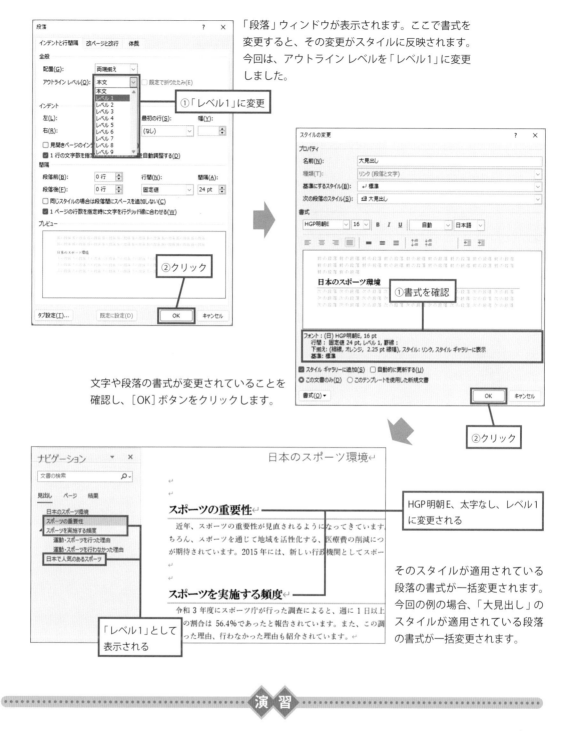

「段落」ウィンドウが表示されます。ここで書式を変更すると、その変更がスタイルに反映されます。今回は、アウトライン レベルを「レベル1」に変更しました。

①「レベル1」に変更

②クリック

文字や段落の書式が変更されていることを確認し、[OK]ボタンをクリックします。

①書式を確認

②クリック

「レベル1」として表示される

HGP明朝E、太字なし、レベル1に変更される

そのスタイルが適用されている段落の書式が一括変更されます。今回の例の場合、「大見出し」のスタイルが適用されている段落の書式が一括変更されます。

演習

（1）ステップ10の演習（4）で保存したファイルを開き、「**大見出し**」のスタイルに「**レベル1**」のアウトライン レベルを追加してみましょう。

（2）ナビゲーション ウィンドウを表示し、「スポーツの重要性」と「スポーツを実施する頻度」の段落に「レベル1」のアウトライン レベルが指定されていることを確認してみましょう。

（3）「見出し2」のスタイルに太字の書式を追加してみましょう。
　　《作業後、ファイルを上書き保存しておきます》

Step 12 ヘッダーとフッター

文書の上下にある余白に「ヘッダー」や「フッター」を指定することも可能です。ヘッダー・フッターは、文書名／日付／作成者／ページ番号などの情報を記す領域として活用するのが一般的です。

12.1　ヘッダー・フッターとは？

　用紙の上下にある余白部分のことを**ヘッダー・フッター**といいます。ヘッダー・フッターには、文書のタイトル、作成日、作成者、ページ番号などを記述するのが一般的です。これらの情報は、印刷した文書を整理するときなどに活用できます。

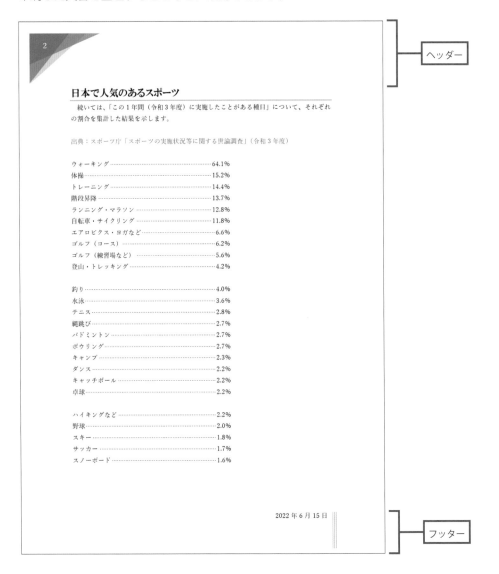

12.2 ヘッダー・フッターの指定

　Wordには、デザインされているヘッダー・フッターがいくつか用意されています。これらを利用するときは、[挿入] タブにあるコマンドから好きなデザインを選択します。ヘッダー・フッターを指定すると、文書の全ページに同じ内容のヘッダー・フッターが表示（印刷）されます。

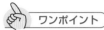 **ワンポイント**

ヘッダー・フッターの削除
指定したヘッダー・フッターを削除するときは、一覧から「ヘッダーの削除」または「フッターの削除」を選択します。

①このタブを選択
②クリック
③デザインを選択
ヘッダーを削除する場合

[挿入] タブを選択し、「ヘッダー」または「フッター」をクリックします。続いて、一覧からデザインを選択すると、ヘッダー・フッターを指定できます。

 ワンポイント

入力欄の削除
[文書のタイトル] や [日付] などが不要な場合は、その入力欄をクリックして選択し、[Delete] キーを押して削除します。

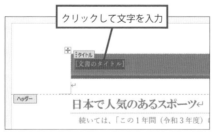

クリックして文字を入力

[文書のタイトル] などの項目が用意されている場合は、その部分をクリックして適切な文字を入力します。

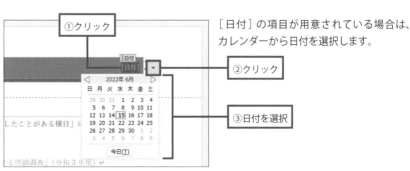

①クリック
②クリック
③日付を選択

[日付] の項目が用意されている場合は、カレンダーから日付を選択します。

ヘッダー・フッターの編集を終了し、通常の編集画面に戻すときは、「ヘッダーとフッターを閉じる」をクリックします。

12.3 ヘッダー・フッターを自分で入力

　Wordに用意されているヘッダー・フッターを利用するのではなく、自分でヘッダー・フッターに文字を入力することも可能です。この場合は、文書の上部または下部にある余白を**ダブルクリック**し、キーボードから文字を入力します。

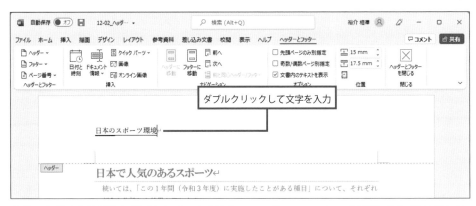

文書の上部または下部をダブルクリックすると、ヘッダー・フッターの編集画面に切り替わり、ヘッダー・フッターの文字を自由に編集できます。

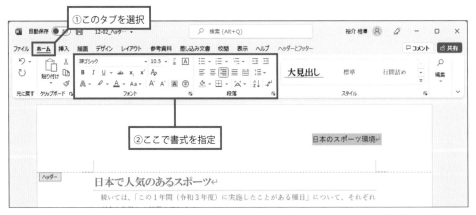

ヘッダー・フッターに入力した文字の書式を変更することも可能です。フォントや文字サイズ、配置などの書式は［ホーム］タブで指定します。

12.4 ページ番号の入力

　ヘッダー・フッターに**ページ番号**を入力するときは、[挿入]タブにある「**ページ番号**」を利用します。普通にキーボードから数字を入力すると、全ページに同じ数字が表示されてしまうことに注意してください。

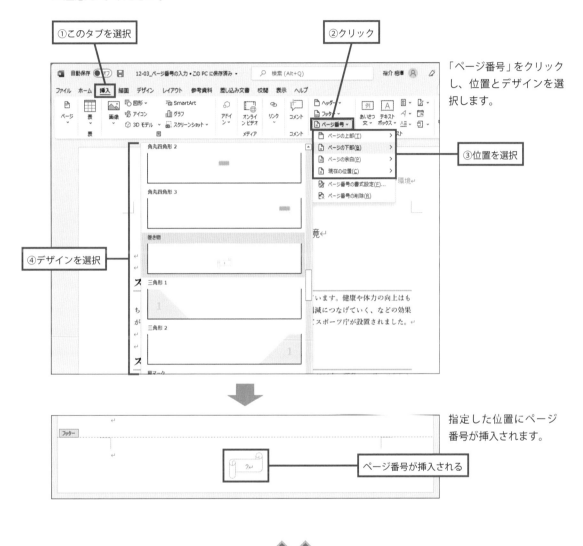

①このタブを選択

②クリック

「ページ番号」をクリックし、位置とデザインを選択します。

③位置を選択

④デザインを選択

指定した位置にページ番号が挿入されます。

ページ番号が挿入される

演習

(1) ステップ11の演習（3）で保存したファイルを開き、「**日本で人気のあるスポーツ**」の段落に「**大見出し**」のスタイルを適用してみましょう。その後、「**日本で人気のあるスポーツ**」が2ページ目の先頭から始まるように**改行**を挿入してみましょう。

(2) 文書に「**空白（3か所）**」のヘッダーを挿入し、左端に「**日本のスポーツ環境**」、右端に自分の氏名を入力してみましょう。また、中央にある[ここに入力]の文字を削除してみましょう。

(3) ページの下部（フッター）に「**細い線**」のページ番号を挿入してみましょう。
　《作業後、ファイルを上書き保存しておきます》

表紙と目次の作成

ページ数の多い文書は、最初のページを表紙にしたり、目次を作成したりする場合があります。続いては、「表紙」や「目次」を作成するときの操作方法を解説します。

13.1 表紙の作成

Wordには**表紙**を作成する機能が用意されています。この機能を使って表紙を作成するときは、以下のように操作します。

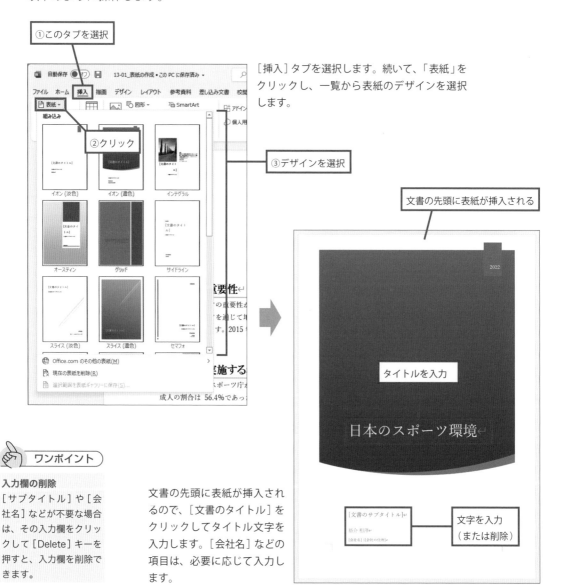

①このタブを選択

②クリック

③デザインを選択

[挿入] タブを選択します。続いて、「表紙」をクリックし、一覧から表紙のデザインを選択します。

文書の先頭に表紙が挿入される

タイトルを入力

文字を入力（または削除）

入力欄の削除
[サブタイトル] や [会社名] などが不要な場合は、その入力欄をクリックして [Delete] キーを押すと、入力欄を削除できます。

文書の先頭に表紙が挿入されるので、[文書のタイトル] をクリックしてタイトル文字を入力します。[会社名] などの項目は、必要に応じて入力します。

13.2 目次の作成

Wordには**目次**を作成する機能も用意されています。この機能を利用すると、**アウトライン レベル**が指定されている段落をもとに、目次を自動作成できます。

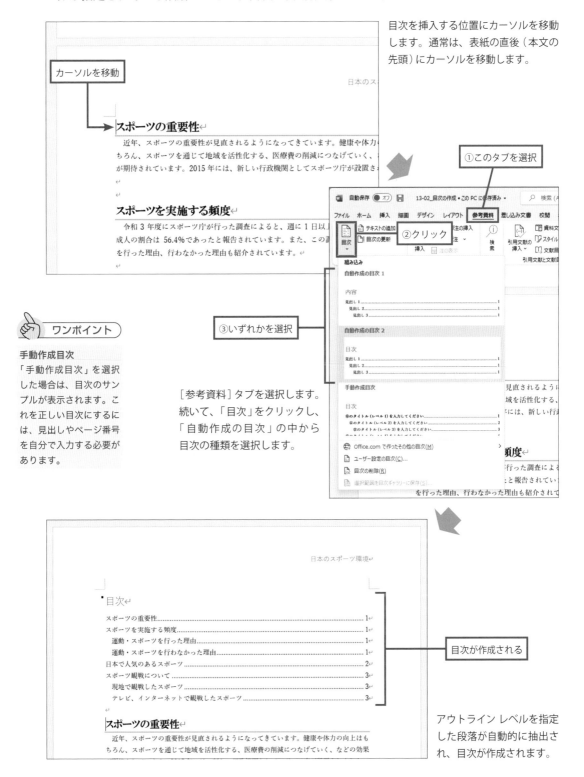

目次を挿入する位置にカーソルを移動します。通常は、表紙の直後（本文の先頭）にカーソルを移動します。

①このタブを選択

②クリック

③いずれかを選択

ワンポイント

手動作成目次
「手動作成目次」を選択した場合は、目次のサンプルが表示されます。これを正しい目次にするには、見出しやページ番号を自分で入力する必要があります。

［参考資料］タブを選択します。続いて、「目次」をクリックし、「自動作成の目次」の中から目次の種類を選択します。

目次が作成される

アウトライン レベルを指定した段落が自動的に抽出され、目次が作成されます。

13.3　ページ区切りの挿入

前ページに示した方法で目次を作成すると、「目次」の直後から「本文」が開始されます。
「目次」と「本文」のページを分けたい場合は、以下のように操作して**ページ区切り**を挿入します。

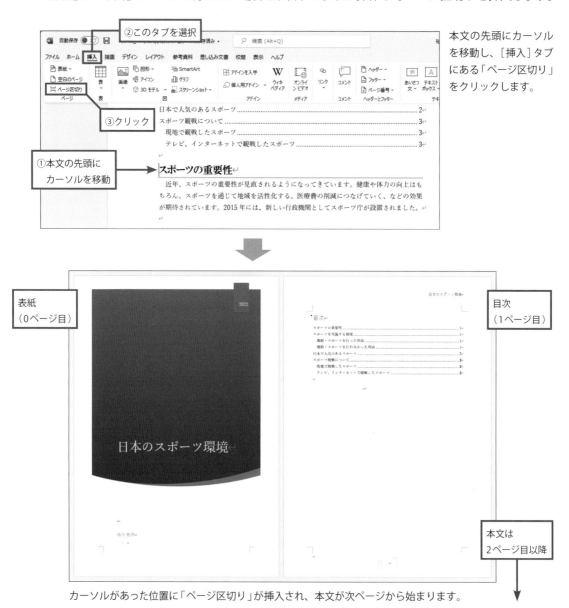

カーソルがあった位置に「ページ区切り」が挿入され、本文が次ページから始まります。

13.4　目次の更新

目次を作成した後に「ページ構成を変更する」、「見出しを追加する/削除する」などの作業を
行ったときは、**目次の更新**を実行しておく必要があります。これを忘れると、古い目次がそのま
ま残ってしまい、間違った目次になってしまいます。目次の更新は、次ページのように操作する
と実行できます。

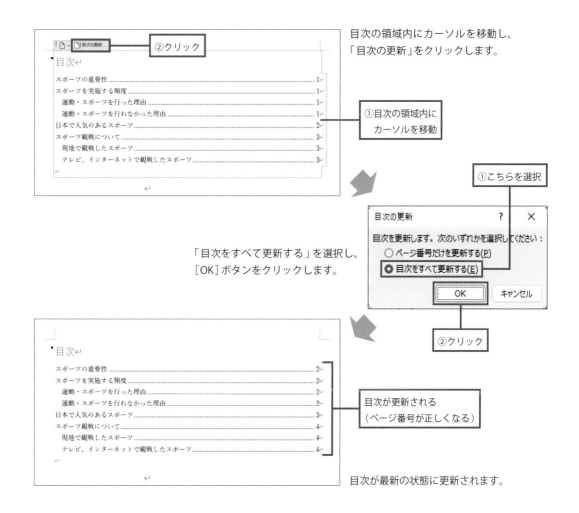

目次の領域内にカーソルを移動し、「目次の更新」をクリックします。

②クリック

①目次の領域内にカーソルを移動

「目次をすべて更新する」を選択し、[OK]ボタンをクリックします。

①こちらを選択

②クリック

目次が更新される（ページ番号が正しくなる）

目次が最新の状態に更新されます。

演習

(1) **ステップ12の演習（3）**で保存したファイルを開き、文書の先頭にある「**日本のスポーツ環境**」の**段落を削除**してみましょう。続いて、「**スライス（濃色）**」の**表紙**を挿入してみましょう。

　　　※[文書のタイトル]に「日本のスポーツ環境」と入力します。
　　　※[文書のサブタイトル]は削除します。

(2) 文書を下へスクロールし、以下のように**スタイル**を指定してみましょう。

　　　「スポーツ観戦について」 ……………………………………………………………… 大見出し
　　　「出典：スポーツ庁……」 ………………………………………………………………… 参照
　　　「現地で観戦したスポーツ」 …………………………………………………………… 見出し2
　　　「テレビ、インターネットで観戦したスポーツ」 ……………………………… 見出し2

(3) 表紙の直後に**目次（自動作成の目次2）**を挿入してみましょう。

(4) 目次の直後に**ページ区切り**を挿入してみましょう。また、「日本で人気のあるスポーツ」や「スポーツ観戦について」がページの先頭から始まるように**ページ区切り**を挿入してみましょう。

　　　※不要な改行は削除しておきます。

(5) **目次の更新**を実行し、目次のページ番号を正しく修正してみましょう。

　　　《作業後、ファイルを上書き保存しておきます》

文書の印刷とPDFの作成

Wordで作成した文書をプリンターで印刷したり、PDFに変換して保存したりすることも可能です。続いては、「文書の印刷」と「PDFの作成」について解説します。

14.1 印刷プレビューの確認

文書を印刷するときは、はじめに印刷プレビューで印刷イメージを確認しておくのが基本です。印刷プレビューは、以下のように操作すると表示できます。

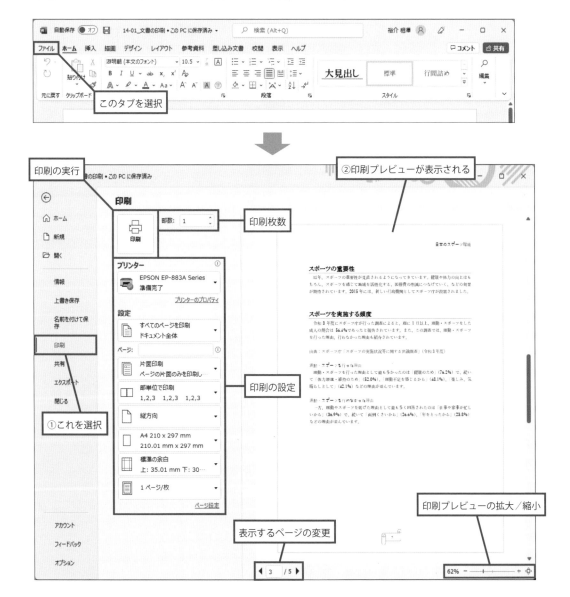

14.2 印刷の設定

　印刷プレビューの左側には、印刷に関連する設定項目が並んでいます。続いては、各項目で設定する内容について解説します。

◆ 部数

　各ページを印刷する枚数を指定します。たとえば、各ページを5枚ずつ印刷するときは、ここに「5」と入力します。

◆ プリンター

　使用するプリンターを選択します。

◆ プリンターのプロパティ

　用紙の種類、印刷品質などは、「**プリンターのプロパティ**」をクリックして指定します。ここに表示される設定画面は使用しているプリンターによって変化するため、詳しくはプリンターのマニュアルを参照してください。

◆ 印刷するページ

　印刷するページの範囲を指定します。一部のページだけを印刷するときは、「**ユーザー指定の範囲**」を選択し、下のボックスにページ番号を入力します。たとえば、3ページ目だけを印刷するときは「3」と入力します。

　　※「3,5」のように**カンマ**を使うと、3ページ目と5ページ目を印刷できます。

　　※「3-5」のように**ハイフン**を使うと、3～5ページ目を印刷でです。

　　※**表紙**が挿入されている場合は、表紙が**0ページ目**、その次が1ページ目になります。

◆ 片面印刷／両面印刷

　用紙の片面だけに印刷するか、もしくは両面に印刷するかを指定します。両面印刷に対応していないプリンターで両面印刷するときは、「**手動で両面印刷**」を選択します。

◆ 印刷する順番

　2部以上の印刷を指定した場合に、各ページを印刷する順番を指定します。

◆ 用紙サイズ、余白

　用紙の向き、サイズ、余白の大きさを変更できます。これらの設定は文書の作成時に指定しておくのが基本です（詳しくはステップ15で解説します）。

◆ 1枚の用紙に印刷するページ数

　1枚の用紙に印刷するページの数を指定します。「**2ページ/枚**」を選択すると、1枚の用紙に2ページずつ縮小して印刷されるため、用紙を節約できます。

14.3 PDFの作成

Wordで作成した文書をPDFに変換して保存することも可能です。PDFを作成するときは、以下のように操作します。

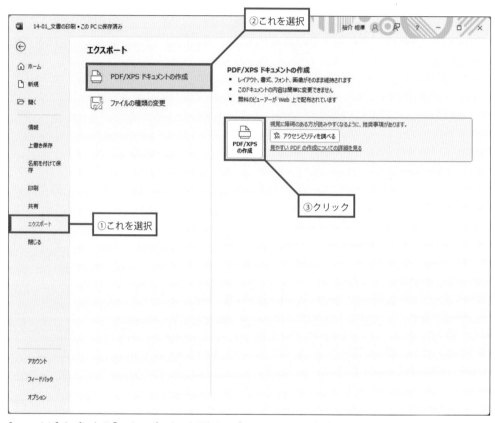

［ファイル］タブにある「エクスポート」を選択し、［PDF/XPSの作成］ボタンをクリックします。

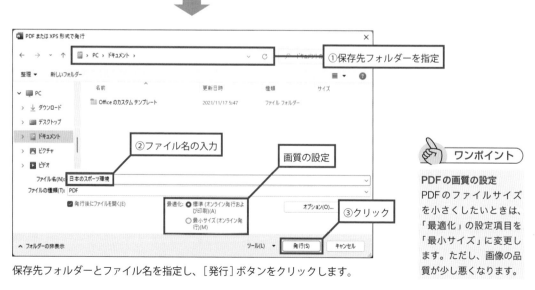

保存先フォルダーとファイル名を指定し、［発行］ボタンをクリックします。

ワンポイント

PDFの画質の設定
PDFのファイルサイズを小さくしたいときは、「最適化」の設定項目を「最小サイズ」に変更します。ただし、画像の品質が少し悪くなります。

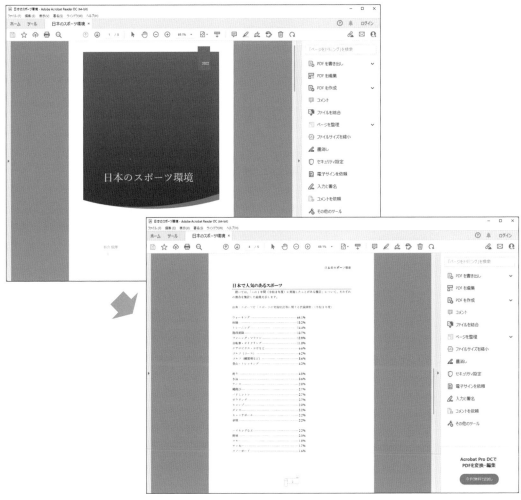

PDF化された文書が表示されます。

保存先フォルダーを開くと、
PDFファイルが作成されている
のを確認できます。

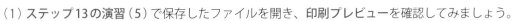

演　習

（1）ステップ13の演習（5）で保存したファイルを開き、印刷プレビューを確認してみましょう。

（2）文書をプリンターで印刷してみましょう。

　　※あらかじめプリンターのセッティングを済ませておく必要があります。

　　　（詳しくはプリンターのマニュアルを参照してください）

（3）2～4ページ目だけを印刷してみましょう。

（4）文書をPDF形式で保存してみましょう。

Step 15 ページ設定

文書をA4（縦）以外のサイズで作成するときは、［レイアウト］タブで設定を変更します。そのほか、［レイアウト］タブには「余白」や「用紙の向き」などを変更する設定項目が用意されています。

15.1 用紙サイズの変更

文書の**用紙サイズ**は**A4**（**縦**）に初期設定されています。これを他の用紙サイズに変更するときは、［**レイアウト**］**タブ**を選択し、以下のように操作します。

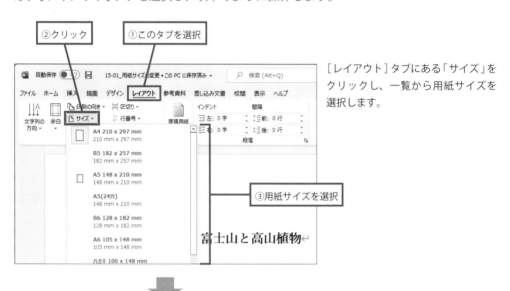

［レイアウト］タブにある「サイズ」をクリックし、一覧から用紙サイズを選択します。

用紙サイズが変更される

15.2 用紙の向きの変更

　［レイアウト］タブには、用紙の向き（縦／横）を変更する設定項目も用意されています。用紙の向きは「印刷の向き」で指定します。

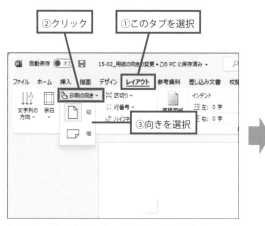

［レイアウト］タブにある「印刷の向き」をクリックし、用紙の向きを選択します。

「印刷の向き」を「横」にすると、用紙を横に向けた状態で文書を作成できます。

15.3 横書き／縦書きの変更

　文書を縦書きで作成するときは、「**文字列の方向**」を操作します。ここで「縦書き」を選択すると、文章が縦書きに変更され、用紙の向きが自動的に90度回転されます。

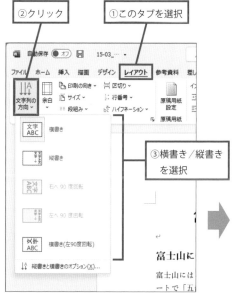

［レイアウト］タブにある「文字列の方向」で横書き／縦書きを指定します。

「縦書き」を指定すると文章が縦書きになり、「印刷の向き」が自動的に90度回転されます。

15.4 余白の変更

［**レイアウト**］**タブ**には、用紙の上下左右にある**余白のサイズ**を変更するコマンドも用意されています。

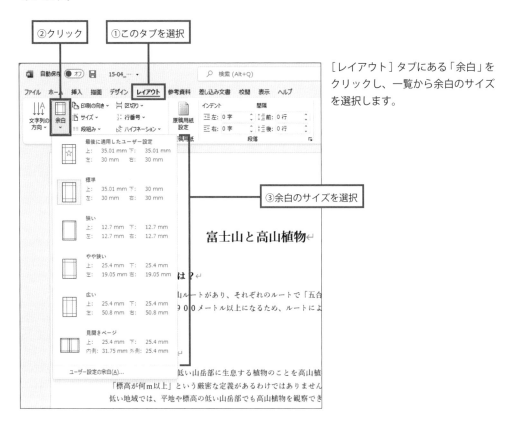

②クリック　①このタブを選択

［レイアウト］タブにある「余白」を
クリックし、一覧から余白のサイズ
を選択します。

③余白のサイズを選択

15.5 「ページ設定」ウィンドウ

用紙や余白に関連する設定を詳しく指定したいときは、「**ページ設定**」ウィンドウを利用します。「ページ設定」ウィンドウは、［**レイアウト**］**タブ**の「**ページ設定**」**グループ**にある ⤵ をクリックすると表示できます。

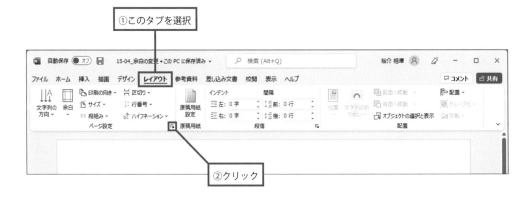

①このタブを選択

②クリック

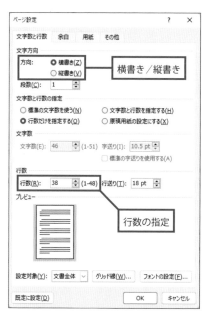

［文字数と行数］タブでは、横書き／縦書き、
1ページあたりの行数などを指定できます。

［余白］タブでは、上下左右の余白を数値で指定したり、
用紙の向き（縦／横）を変更したりできます。

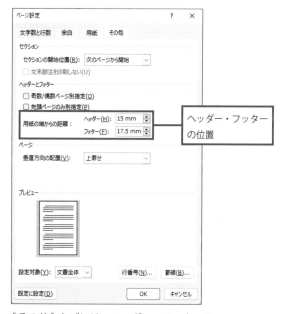

用紙サイズは［用紙］タブで指定します。
自分で数値を入力して、自由なサイズの用紙
を指定することも可能です。

［その他］タブには、ヘッダー・フッターの
位置などを調整できる設定項目が用意されて
います。

演 習

（1）**ステップ09の演習（3）**で保存したファイルを開き、用紙を**A5（横）**に変更してみましょう。

（2）「**ページ設定**」ウィンドウで、上下左右の**余白**を**25mm**に変更してみましょう。

表の作成（1）

続いては、表を作成するときの操作手順を解説します。ステップ16では、表を作成したり、行や列を挿入／削除したりする方法を解説します。また、表内の文字の配置についても解説します。

16.1 表の作成と文字入力

表を作成するときは、［挿入］タブにある「表」コマンドを使って以下のように操作します。

用語解説

セル
表内にある1つひとつのマス目のことをセルといいます。

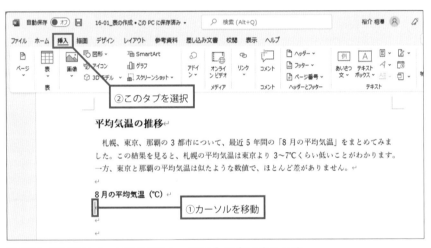

②このタブを選択

①カーソルを移動

表を挿入する位置へカーソルを移動し、［挿入］タブを選択します。

ワンポイント

行数／列数が多い表
8行×10列より大きい表を挿入するときは、ここで「表の挿入」を選択し、行数と列数を数値で入力します。

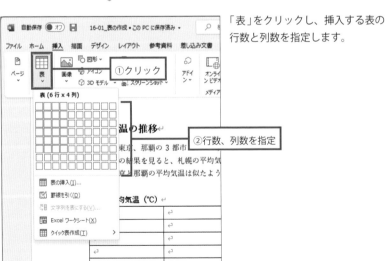

①クリック

②行数、列数を指定

「表」をクリックし、挿入する表の行数と列数を指定します。

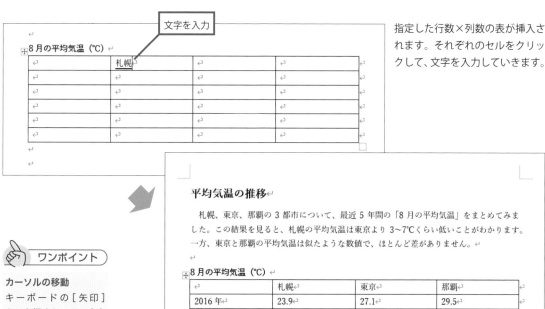

指定した行数×列数の表が挿入されます。それぞれのセルをクリックして、文字を入力していきます。

必要なだけセルに文字を入力すると、表の基本形が完成します（図16-1）。

16.2 行、列の挿入

　表を作成した後に、行の不足に気付く場合もあると思います。このような場合は、表の左側にマウスを移動し、各行の間に表示される ⊕ のアイコンをクリックして行を挿入します。同様の操作を表の上側で行うと、その位置に列を挿入できます。

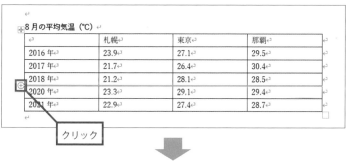

左側に表示される ⊕ をクリックすると…、

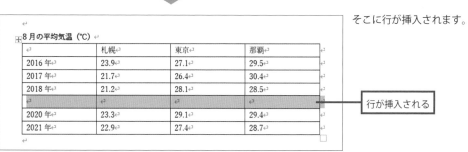

そこに行が挿入されます。

行が挿入される

また、［レイアウト］タブを使って行や列を挿入することも可能です。この場合は、**カーソルがあるセル**を基準にして行や列が挿入されます。たとえば、「**上に行を挿入**」をクリックすると、以下の図のように行が挿入されます。

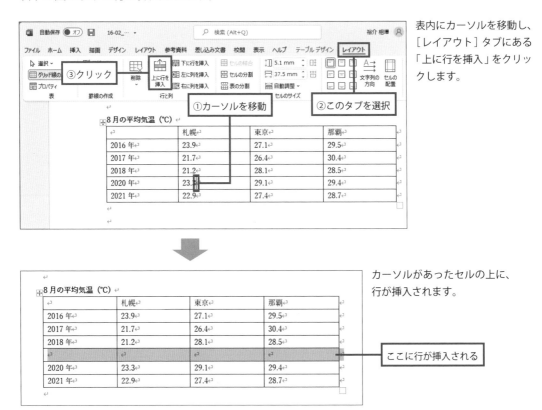

表内にカーソルを移動し、［レイアウト］タブにある「上に行を挿入」をクリックします。

カーソルがあったセルの上に、行が挿入されます。

16.3　行、列の削除

　行や列を削除するときは、削除する行（または列）にカーソルを移動し、「削除」コマンドから行（または列）の削除を行います。

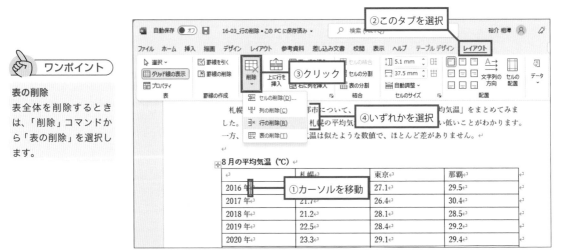

ワンポイント

表の削除
表全体を削除するときは、「削除」コマンドから「表の削除」を選択します。

16.4 表内の文字の配置

　表内に入力した文字は、その配置を自由に変更できます。文字の配置を変更するときは、マウスをドラッグしてセルを選択し、［レイアウト］タブで配置を指定します。

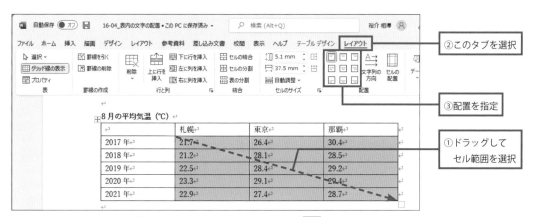

文字の配置は、［レイアウト］
タブにある9個のアイコンで
指定します。

数値を「右揃え」で配置すると、
見やすい表を作成できます。

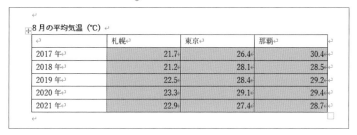

演　習

(1) answer16-00.docxのファイルをダウンロードし、P67の図16-1のように表を作成してみましょう。
　　※ https://cutt.jp/books/978-4-87783-855-3/ からダウンロードできます。
(2) 演習(1)で作成した表に行を挿入し、下図のように2019年のデータを追加してみましょう。
(3) 表から「2016年」の行を削除してみましょう。
(4) 表内の数値を ▤「中央揃え（右）」で配置してみましょう。また、見出し文字の配置を ▤「中央揃え」に変更してみましょう。
　　《作業後、ファイルを上書き保存しておきます》

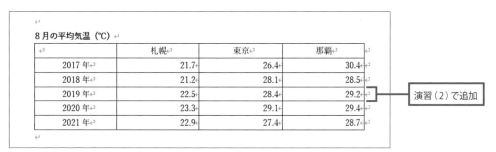

Step 17 表の作成（2）

続いては、表のデザインを変更する方法を解説します。Wordには、表のデザインを簡単に指定できるスタイルが用意されています。また、セルの背景色などを自分で指定することも可能です。

17.1 表内の文字の書式

まずは、表内にある**文字の書式**について解説します。フォントや文字サイズなどの書式は、通常の文字と同じ手順で指定できます。表の「見出し」を太字にするなど、見やすい表になるように工夫するとよいでしょう。

セルまたは文字を選択し、［ホーム］タブで書式を指定します。

17.2 表のスタイル

Word には、表全体のデザインを簡単に変更できる「**表のスタイル**」が用意されています。「表のスタイル」は、以下のように操作して適用します。

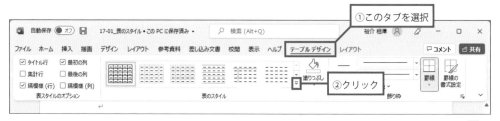

表内にカーソルを移動して［テーブル デザイン］タブを選択します。続いて、「表のスタイル」の ▽ をクリックします。

70

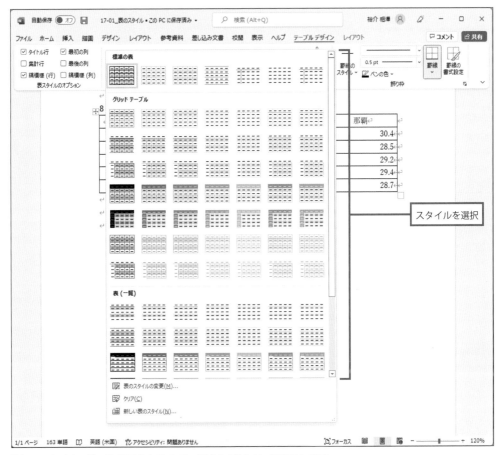

「表のスタイル」が一覧表示されるので、好きなデザインを選択します。

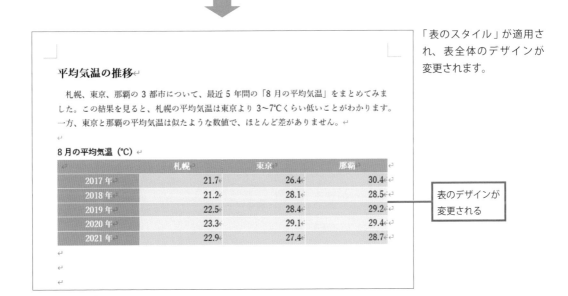

「表のスタイル」が適用され、表全体のデザインが変更されます。

平均気温の推移

　札幌、東京、那覇の 3 都市について、最近 5 年間の「8 月の平均気温」をまとめてみました。この結果を見ると、札幌の平均気温は東京より 3～7℃くらい低いことがわかります。一方、東京と那覇の平均気温は似たような数値で、ほとんど差がありません。

8 月の平均気温（℃）

	札幌	東京	那覇
2017 年	21.7	26.4	30.4
2018 年	21.2	28.1	28.5
2019 年	22.5	28.4	29.2
2020 年	23.3	29.1	29.4
2021 年	22.9	27.4	28.7

表のデザインが変更される

　「見出し」にする行／列は、[テーブル ザイン] タブの左端にある「**表スタイルのオプション**」で指定します。ここで縞模様の有無などを指定することも可能です。

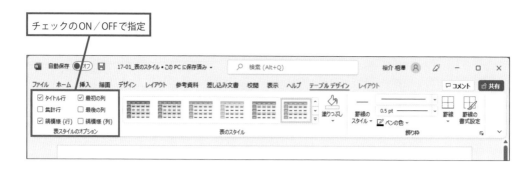

チェックのON／OFFで指定

・**タイトル行** ························· 上端にある行を「見出し」として表示します。
・**最初の列** ···························· 左端にある列を「見出し」として表示します。
・**集計行** ······························· 下端にある行を強調して表示します。
・**最後の列** ···························· 右端にある列を強調して表示します。
・**縞模様（行）** ····················· 1行おきに背景色を変更します。
・**縞模様（列）** ····················· 1列おきに背景色を変更します。

17.3　セルの背景色の指定

　表のデザインを自分で指定することも可能です。各セルの背景色は［テーブル デザイン］タブ
にある「塗りつぶし」で指定します。

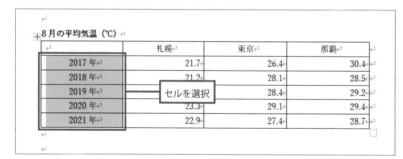

背景色を指定する範囲を
ドラッグして選択します。

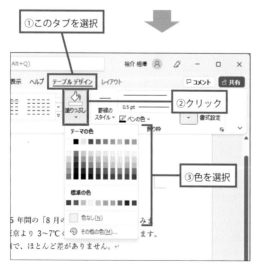

①このタブを選択
②クリック
③色を選択

［テーブル デザイン］タブを選択し、
「塗りつぶし」の⌄をクリックして色を
指定します。

17.4 罫線の書式の変更

ワンポイント

罫線の削除
罫線を削除するときは、線の種類に「罫線なし」を選択し、削除する罫線をなぞるようにドラッグします。

セルを区切る**罫線の書式**を自分で指定することも可能です。罫線の書式を変更するときは、以下のように操作します。

罫線の種類／太さ／色を指定すると、「罫線の書式設定」が自動的にONになります。

ワンポイント

「罫線」コマンド
「罫線」コマンドで罫線の書式を指定することも可能です。この場合は、選択されているセル範囲を基準に、書式の変更が行われます。

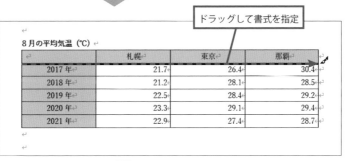

マウスポインタの形状が になります。この状態で罫線をなぞるようにドラッグすると、その罫線の書式を「指定した書式」に変更できます。

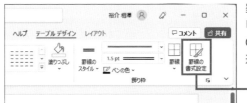

罫線の書式指定を終えるときは、「罫線の書式設定」をクリックしてOFFにします（マウスポインタが通常の形状に戻ります）。

演習

（1）ステップ16の演習（4）で保存したファイルを開き、「グリッド（表）4 - アクセント4」のスタイルを適用してみましょう。

（2）「2017年」～「2021年」のセルの背景色を「ゴールド、アクセント4、白＋基本色40％」に変更してみましょう。

（3）「札幌」～「那覇」の文字色を「黒」（自動）に変更してみましょう。

《作業後、ファイルを上書き保存しておきます》

Step 18 表の作成（3）

続いては、表のサイズを変更したり、表を移動したりするときの操作手順を解説します。また、セルの結合／分割を行い、格子状でない表を作成する方法も解説します。

18.1 表のサイズ変更

表は文書と同じ幅で作成されます。このサイズを変更することも可能です。**表全体のサイズを**変更するときは、以下のように操作します。

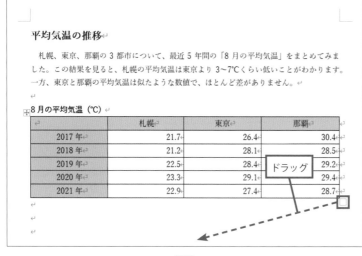

表内にカーソルを移動し、表の右下にある□をドラッグします。

表全体のサイズが変更されます。

表全体のサイズが変更される

18.2 列の幅、行の高さの変更

列の幅や行の高さを変更することも可能です。この場合は、列や行を区切る罫線をドラッグします。

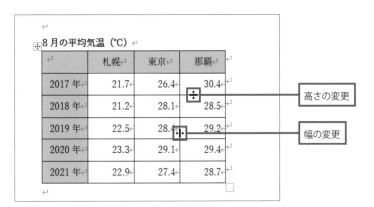

高さの変更

幅の変更

18.3 列の幅、行の高さを揃える

[レイアウト]タブには、列の幅や行の高さを均一に揃えるコマンドが用意されています。たとえば、「列の幅」を均一に揃えるときは、以下のように操作します。

②このタブを選択

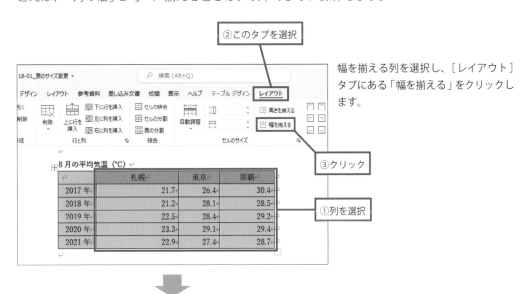

幅を揃える列を選択し、[レイアウト]タブにある「幅を揃える」をクリックします。

③クリック

①列を選択

選択していた範囲の「列の幅」が均一に揃えられます。

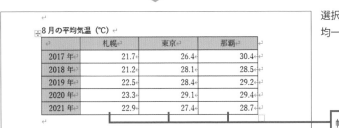

幅が均一になる

18.4 表の移動

　表の位置を移動するときは、表の左上にある⊞をドラッグします。すでに文章が入力されている場所に表を移動した場合は、表のまわりに文章が折り返して配置されます。

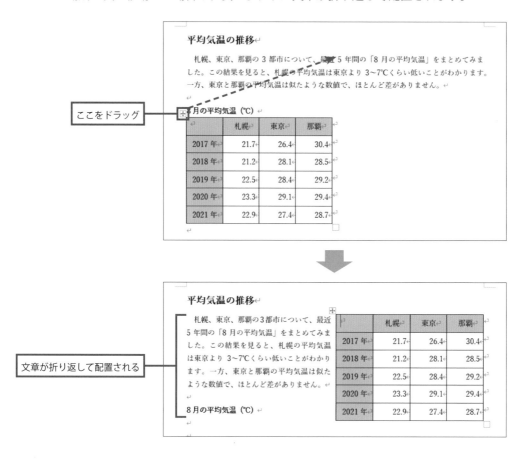

ここをドラッグ

文章が折り返して配置される

18.5 セルの結合

　格子状でない表を作成するときは、「**セルの結合**」を利用します。2つ以上のセルを結合するときは、以下のように操作します。

結合するセルを選択し、[レイアウト] タブにある「セルの結合」をクリックします。

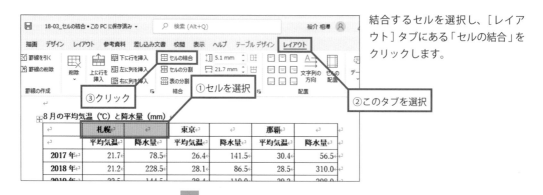

①セルを選択
②このタブを選択
③クリック

セルが結合される

セルの分割

1つのセルを「複数のセル」に分割するときは、そのセルにカーソルを移動し、[レイアウト]タブにある「セルの分割」をクリックします。続いて、列数と行数を指定すると、指定した列数、行数にセルを分割できます。

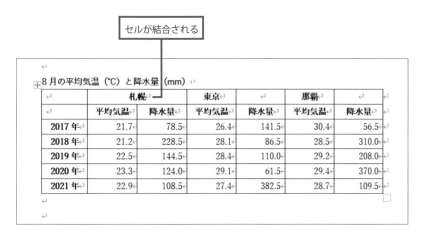

演 習

（1）**ステップ17の演習（3）で保存したファイルを開き、表を以下の図のように変更してみましょう。**

　※行や列を挿入して表を変更します。

　※表のタイトルを「8月の平均気温（℃）と降水量（mm）」に修正します。

太字を指定

（2）「平均気温」と「降水量」（2〜7列目）の**列の幅を均一に揃えてみましょう。**

（3）**セルを結合し、「札幌」「東京」「那覇」のセルを2列分の幅にしてみましょう。**

（4）以下の図のように**背景色と罫線を指定し、表全体のデザインを整えてみましょう。**

　《作業後、ファイルを上書き保存しておきます》

実線、1.5pt、黒　　　実線、0.5pt、黒

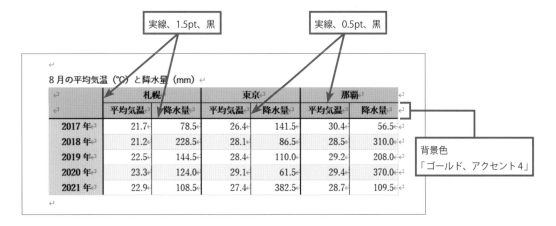

背景色
「ゴールド、アクセント4」

19

画像の利用（1）

Wordを使って、画像を貼り付けた文書を作成することも可能です。続いては、文書に画像を挿入したり、画像のサイズや配置を変更したりするときの操作手順を解説します。

19.1 画像の挿入

文書に写真などを挿入するときは、［挿入］タブにある「画像」コマンドを使って以下のように操作します。

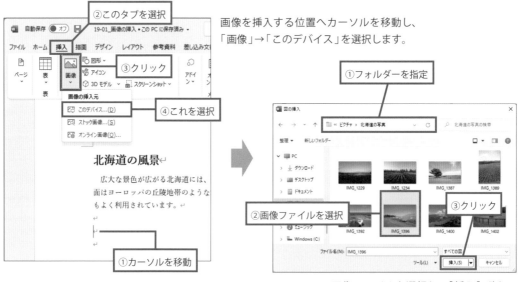

画像を挿入する位置へカーソルを移動し、「画像」→「このデバイス」を選択します。

画像ファイルを選択し、［挿入］ボタンをクリックします。

画像が挿入される

文書に画像が挿入されます。

19.2　画像のサイズ変更

上下左右のハンドル
画像の上下左右にあるハンドルをドラッグすると、画像の縦横の比率が変更されてしまいます。注意してください。

画像のサイズを変更するときは、画像をクリックして選択し、四隅にある ⬚ （ハンドル）をドラッグします。また、画像の上にある ⟳（回転ハンドル）をドラッグして、画像を回転させることも可能です。

ワンポイント

サイズを数値で指定
画像のサイズを数値で指定するときは、［図の形式］タブにある「サイズ」を利用します。

⬚	↕ 46.81 mm ↕
トリミング	↔ 70.5 mm ↕
サイズ	⤢

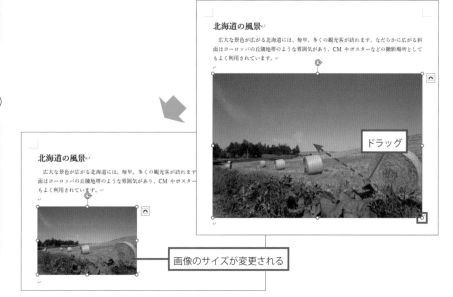

ドラッグ

画像のサイズが変更される

19.3　画像の配置

文書の左右中央に画像を配置するときは、画像を選択した状態で［**ホーム**］タブにある ≡（**中央揃え**）をクリックします。同様に、≡（**右揃え**）をクリックして文書の右端に画像を配置することも可能です。

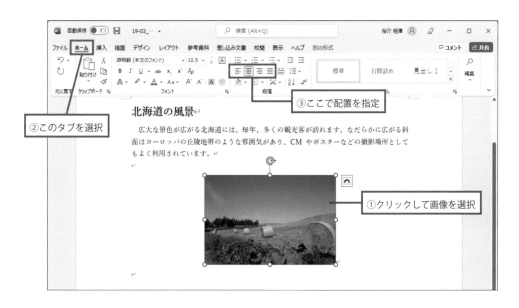

②このタブを選択

③ここで配置を指定

①クリックして画像を選択

19.4 画像の移動

　文書内で画像を移動させることも可能です。画像を移動させるときは、画像そのものをドラッグします。

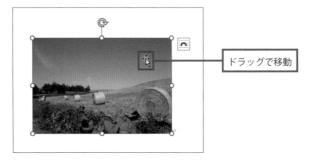

ドラッグで移動

19.5 画像のレイアウト

　初期設定では、画像は「**行内**」のレイアウトで配置されます。これを他のレイアウトに変更するときは、画像をクリックして選択し、🔼（**レイアウト オプション**）を操作します。

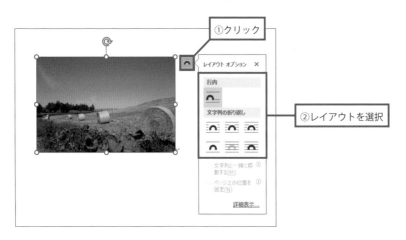

①クリック

②レイアウトを選択

　Wordには7種類のレイアウトが用意されています。これらのうち、よく利用するのは以下の4種類です。

🔼 行内

画像が「1つの巨大な文字」として扱われます。このため、文章内に画像を移動すると、その行の行間が大きくなります。

北海道の風景 (四角形で配置した場合)

広大な景色が広がる北海道には、毎年、多くの観光客が訪れます。なだらかに広がる斜面はヨーロッパの丘陵地帯のような雰囲気があり、CMやポスターなどの撮影場所としてもよく利用されています。

□ 四角形

「文字」と「画像」が独立して扱われるため、画像を好きな位置へ移動できます。文字は画像の周囲に回り込んで配置されます。

北海道の風景 (背面で配置した場合)

広大な景色が広がる北海道には、毎年、多くの観光客が訪れます。なだらかに広がる斜面はヨーロッパの丘陵地帯のような雰囲気があり、CMやポスターなどの撮影場所としてもよく利用されています。

□ 背面

文字の背面に画像が配置されます。「四角形」のレイアウトと同じく、画像を好きな位置へ移動できます。

北海道の風景 (前面で配置した場合)

は、毎年、多くの観光客が訪れます。なだらかに広がる斜うな雰囲気があり、CMやポスターなどの撮影場所として

□ 前面

文字の前面に画像が配置されます。「四角形」のレイアウトと同じく、画像を好きな位置へ移動できます。

演 習

（1）**answer19-00.docx** のファイルをダウンロードし、**photo_01.jpg** の画像を挿入してみましょう。

※ https://cutt.jp/books/978-4-87783-855-3/ からダウンロードできます。

※ 文書に挿入した画像は、適当なサイズに縮小します。

（2）画像のレイアウトを「**四角形**」に変更し、文章の右側に画像を移動してみましょう。

《作業後、ファイルを上書き保存しておきます》

南の島には、美しい自然が残っています。青い空、透き通る海、サンゴ礁と遊ぶ熱帯魚、どれも都会の海では見られない光景です。ゆったりとした時間を過ごせるのも南国ならではの魅力です。

画像を挿入し、サイズと位置を調整

Step 20 画像の利用（2）

Wordには、画像の色合いを調整したり、画像を加工したりする機能も用意されています。続いては、［図の形式］タブを使って画像を加工する方法を解説します。

20.1 画像の回転

縦向きに撮影した写真を正しい向きに直したいときは、［図の形式］タブにある ⬚（オブジェクトの回転）を利用します。

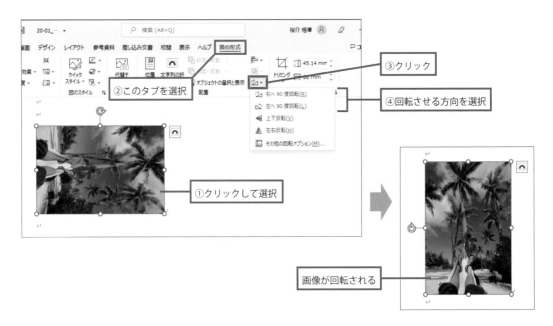

20.2 画像の切り抜き

画像の一部分だけを切り抜くことも可能です。この場合は、［図の形式］タブにある「トリミング」を利用します。

トリミング用のハンドルが表示されます。
これをドラッグして切り抜く範囲を指定
します。

ドラッグ

画像の外をクリックすると範囲が確定され、
画像の切り抜きが実行されます。

画像の外をクリックして確定

20.3　色調の調整

　［図の形式］タブには、**シャープネス**（鮮明さ）、**明るさ**、**コントラスト**（明暗の差）を調整できる「**修整**」も用意されています。この機能は、撮影に失敗した写真を修整する場合などに活用できます。

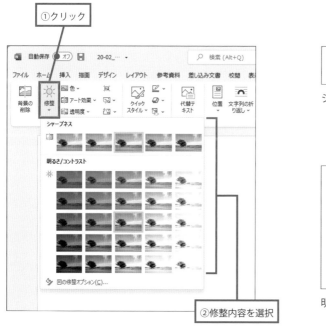

①クリック

②修整内容を選択

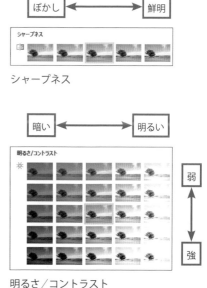

ぼかし ←→ 鮮明

シャープネス

暗い ←→ 明るい

弱

強

明るさ／コントラスト

20.4 図のスタイル

画像に様々な装飾を施したいときは、［図の形式］タブにある「**図のスタイル**」を利用すると便利です。「図のスタイル」には28種類のクイックスタイルが用意されています。

「図のスタイル」の☑または「クイックスタイル」をクリックします。

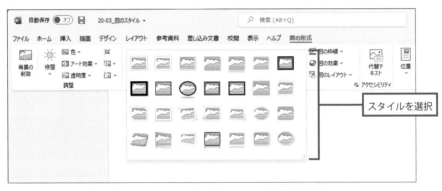

「図のスタイル」が一覧表示されるので、好きなスタイルを選択します。

画像にスタイルが適用されます。左の図は「透視投影、緩い傾斜、白」のスタイルを適用した例です。

20.5 図の枠線、図の効果

そのほか、画像の周囲に枠線を描画する「**図の枠線**」、画像に影や反射などの効果を加える「**図の効果**」といったコマンドも用意されています。

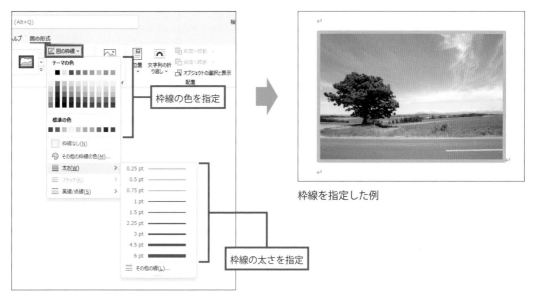

枠線を指定した例

「図の枠線」は、画像の周囲を枠線で囲むときに
利用します。

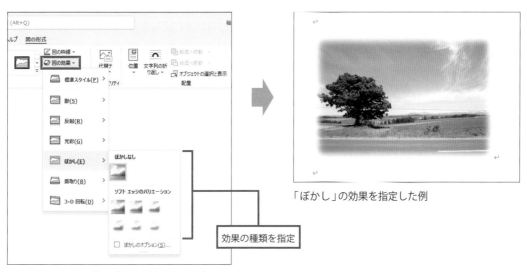

「ぼかし」の効果を指定した例

「図の効果」は、画像に「影」、「反射」、「光彩」、
「ぼかし」などの効果を指定できる機能です。

演習

(1) ステップ19の演習 (2) で保存したファイルを開き、「修整」を使って画像のコントラストを
　　＋20％にしてみましょう。
(2) 画像の周囲を色「オレンジ」、太さ「3pt」の枠線で囲ってみましょう。
(3) 画像に「回転、白」のスタイルを適用してみましょう。
　　《作業後、ファイルを上書き保存しておきます》

Step 21 図形の描画

Wordには、四角形や円、星、立方体、円柱、矢印など、さまざまな図形を描画できる機能が用意されています。続いては、図形の描画と書式指定について解説します。

21.1 図形の描画

文書に図形を描画するときは、[挿入]タブにある「図形」コマンドを使って、以下のように操作します。

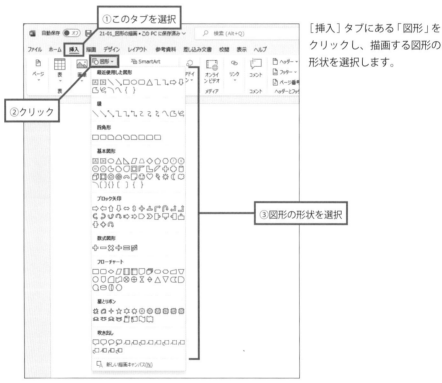

①このタブを選択

②クリック

③図形の形状を選択

[挿入]タブにある「図形」をクリックし、描画する図形の形状を選択します。

 ワンポイント

[Shift]キーの利用
[Shift]キーを押しながらマウスをドラッグすると、縦横の比率が等しい図形を描画できます。正方形や正円を描画する場合などに活用してください。

図形の描画

ドラッグして図形を描画

続いて、マウスをドラッグすると、選択した図形を描画できます。

描画した図形は「前面」のレイアウトが指定されているため、文書内の好きな位置へ移動できます。四隅や上下左右にある （ハンドル）をドラッグすると、図形のサイズを変更できます。また、図形によっては、形状を調整できる（調整ハンドル）が表示される場合もあります。

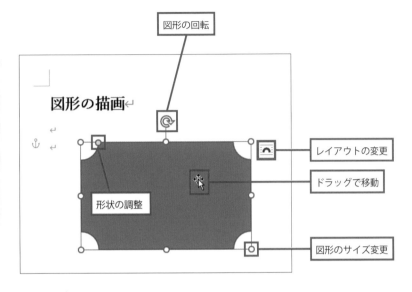

21.2　塗りつぶしと枠線

図形をクリックして選択すると、[図形の書式] タブを利用できるようになります。ここでは、「図形の塗りつぶし」や「図形の枠線」などを指定できます。

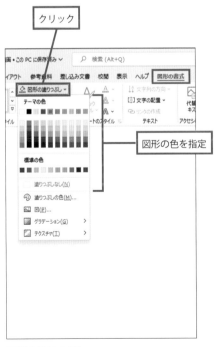

図形の塗りつぶし

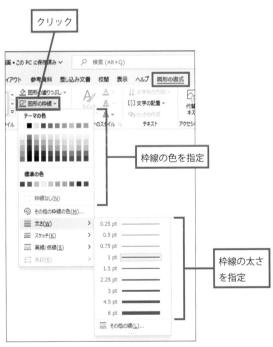

図形の枠線

21.3 図形の効果

図形に影を付けたり、図形を立体化したりすることも可能です。この場合は、「**図形の効果**」を利用します。

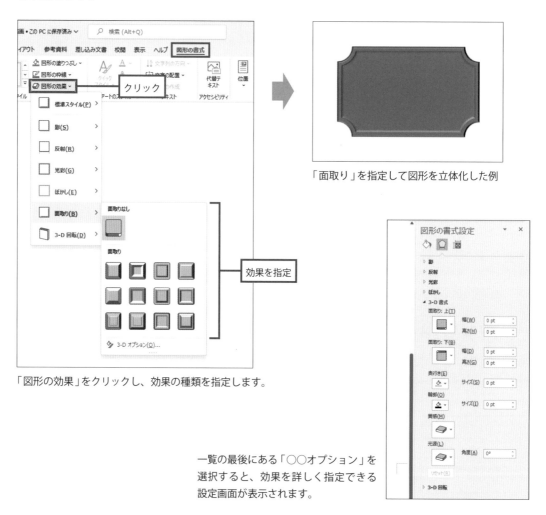

「面取り」を指定して図形を立体化した例

「図形の効果」をクリックし、効果の種類を指定します。

一覧の最後にある「○○オプション」を選択すると、効果を詳しく指定できる設定画面が表示されます。

21.4 図形のスタイル

図形の書式を手軽に指定したいときは、「**図形のスタイル**」を利用するのが便利です。「図形のスタイル」を適用すると、図形内の塗りつぶし、枠線、効果などの書式を一括指定できます。

［図形の書式］タブを選択し、「図形のスタイル」の ▽ をクリックします。

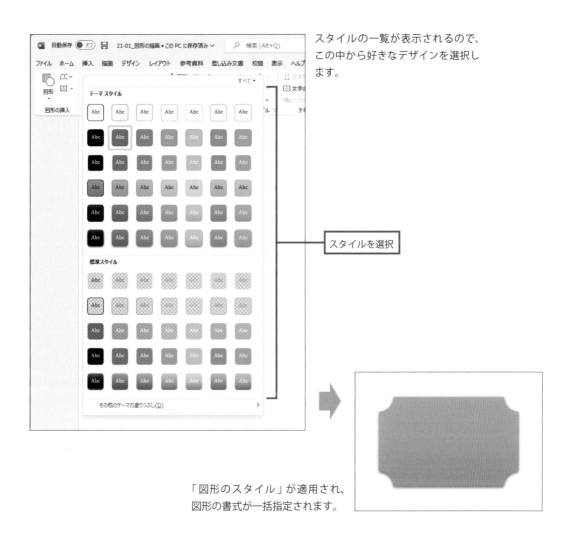

スタイルの一覧が表示されるので、
この中から好きなデザインを選択し
ます。

スタイルを選択

「図形のスタイル」が適用され、
図形の書式が一括指定されます。

演 習

（1）新しい文書を作成し、「星：5pt」の図形を描画してみましょう。

（2）「図形の塗りつぶし」を「オレンジ」、「図形の枠線」を「青、6pt」に変更してみましょう。

（3）「図形の効果」をクリックし、「影」→「透視投影：左上」の効果を指定してみましょう。

（4）図形に「光沢 - ゴールド、アクセント4」のスタイルを適用してみましょう。

Step 22 テキストボックスとワードアート

テキストボックスは文字を入力できる図形で、文書内の好きな位置に文字を配置したい場合などに活用します。一方、ワードアートは「飾り文字」を作成できる機能で、タイトル文字などに活用できます。

22.1 テキストボックスの作成

テキストボックスは内部に文字を入力できる図形で、コラムや画像の説明文を作成する場合などに活用できます。テキストボックスを描画するときは、「図形」の一覧から 国 （テキストボックス）または 国 （縦書きテキストボックス）を選択し、以下のように操作します。

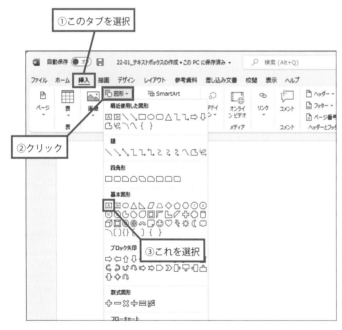

①このタブを選択
②クリック
③これを選択

[挿入]タブにある「図形」をクリックし、国 を選択します。

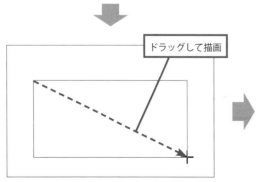

ドラッグして描画

マウスをドラッグして、テキストボックスを描画します。

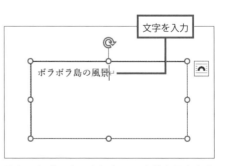

文字を入力

テキストボックス内にカーソルが表示されるので、キーボードを使って文字を入力します。

22.2　テキストボックスの移動とサイズ変更

テキストボックスは図形の一種になるため、位置やサイズを自由に変更できます。テキストボックスのサイズは、四隅や上下左右にある ◻ （ハンドル）をドラッグして調整します。テキストボックスを移動するときは、テキストボックスの周囲にある枠線をドラッグします。

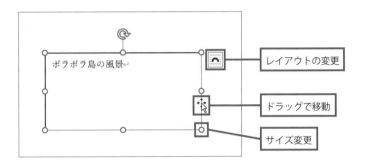

22.3　テキストボックスの書式指定

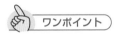

文字の書式
テキストボックス内に入力した文字は、フォントや文字サイズなどの書式を［ホーム］タブで指定します。この操作手順は、通常の文字の書式を指定する場合と同じです。

テキストボックスをクリックして選択すると、［図形の書式］タブを利用できるようになります。ここでは、「図形の塗りつぶし」や「図形の枠線」、「図形のスタイル」といった書式を指定できます。

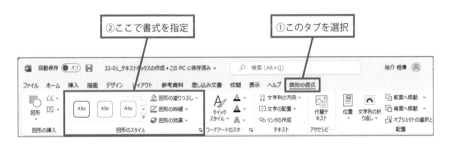

テキストボックス内の文字の配置を指定するコマンドも用意されています。テキストボックスの上下中央に文字を配置するときは、「文字の配置」をクリックし、「上下中央揃え」を選択します。

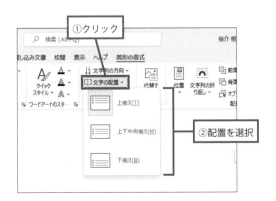

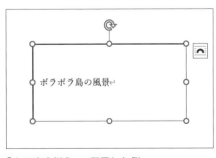

「上下中央揃え」で配置した例

22.4 図形をテキストボックスとして使う

テキストボックスではない通常の**図形**も、内部に文字を入力することが可能です。「矢印」や「リボン」などの図形に文字を入力するときは、その図形を選択した状態でキーボードから文字を入力します。

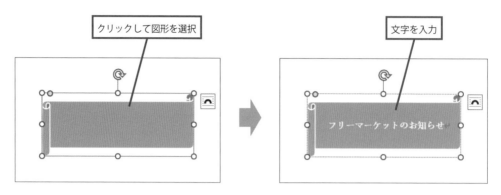

22.5 ワードアートの作成

文書のタイトルなどを「飾り文字」にしたいときは、🄰（ワードアート）を利用すると便利です。ワードアートを文書に挿入するときは、以下のように操作します。

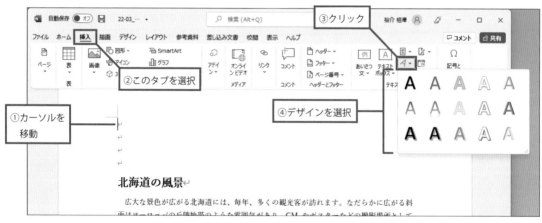

ワードアートを挿入する位置へカーソルを移動します。続いて、［挿入］タブにある🄰（ワードアート）をクリックし、一覧から好きなデザインを選択します。

ワードアートが挿入されるので、ワードアートの文字を入力します。

22.6　ワードアートの書式指定

[図形の書式] タブを使ってワードアートのデザインをカスタマイズすることも可能です。ワードアート内の文字を選択し、🅰（**文字の塗りつぶし**）、🅰（**文字の輪郭**）、🅰（**文字の効果**）を操作すると、ワードアートの色や形状などを変更できます。

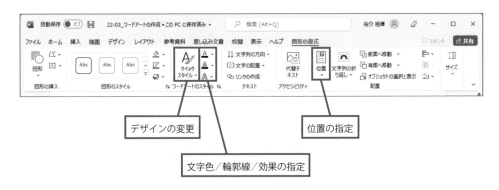

デザインの変更

位置の指定

文字色／輪郭線／効果の指定

━━━━━━━━━━━ 演 習 ━━━━━━━━━━━

(1) **ステップ20の演習（3）**で保存したファイルを開き、**テキストボックス**を使って「**ボラボラ島の風景**」という文字を配置してみましょう。

　　※文字の書式：MS P ゴシック、12pt、太字、中央揃え（上下中央に配置）

　　※図形のスタイル：グラデーション - オレンジ、アクセント2

(2) 文書の先頭に**ワードアート**を挿入し、「**南の島通信**」と入力してみましょう。

　　※文字の書式：HGP ゴシックE

　　※ワードアートのデザインは、各自の好きなものを選択してください。

(3) [図形の書式] タブにある「**位置**」を使って、ワードアートを**文書の上部中央**に配置してみましょう。さらに、🅰（**文字の効果**）を使ってワードアートに影をつけてみましょう。

ワードアート

テキストボックス　　ボラボラ島の風景

Step 23 グラフの作成（1）

数値データをわかりやすく示すために、グラフのある文書を作成したい場合もあると思います。続いては、Wordでグラフを作成するときの操作手順を解説します。

23.1 グラフの作成

Wordには、数値データをもとにグラフを作成する機能が用意されています。この機能を使ってグラフを作成するときは、以下のように操作します。

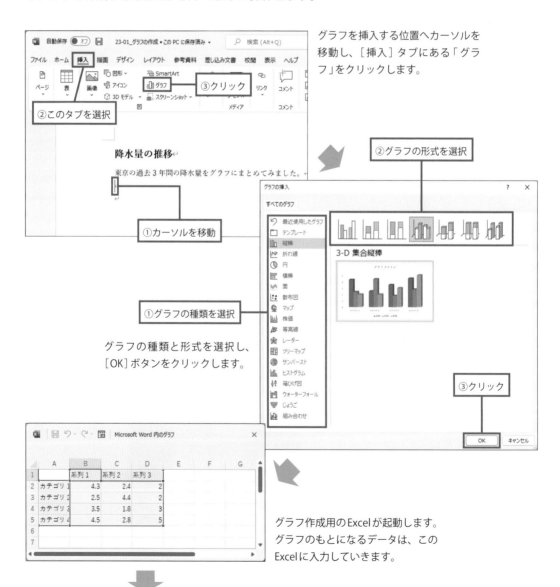

グラフを挿入する位置へカーソルを移動し、［挿入］タブにある「グラフ」をクリックします。

②このタブを選択

③クリック

①カーソルを移動

②グラフの形式を選択

①グラフの種類を選択

グラフの種類と形式を選択し、［OK］ボタンをクリックします。

③クリック

グラフ作成用のExcelが起動します。グラフのもとになるデータは、このExcelに入力していきます。

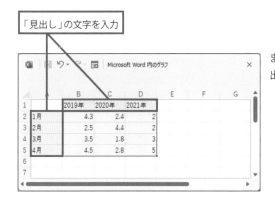

「見出し」の文字を入力

まずは、グラフの縦軸／横軸に表示する「見出し」を入力します。

続いて、グラフ作成用の「数値データ」を入力します。

「数値データ」を入力

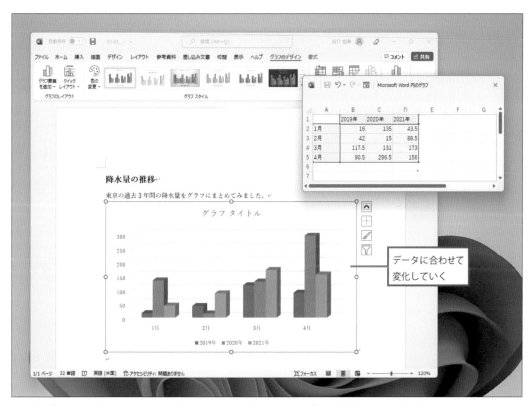

データに合わせて
変化していく

Excelにデータを入力すると、それに合わせてWordの画面にあるグラフも変化していきます。

データの範囲の指定
グラフ化するデータの範囲は、「青い枠線」の右下にある ▫ をドラッグすると変更できます。

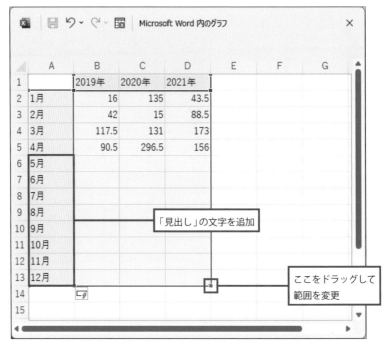

3列×4行以上の数値データを入力することも可能です。この場合は、Excelのウィンドウを広げて「見出し」の文字を入力していきます。

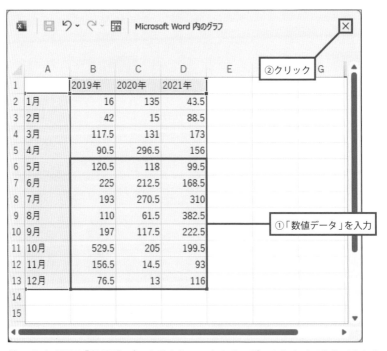

続いて、各項目の「数値データ」を入力していきます。データをすべて入力できたら、ウィンドウ右上にある ☒ をクリックしてExcelを終了します（図23-1）。

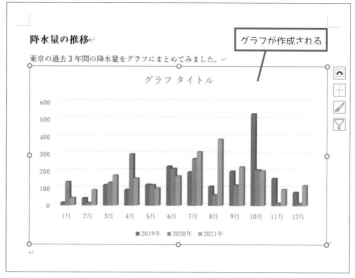

ワンポイント

データの再編集
グラフ作成用のデータを
修正するときは、[グラ
フのデザイン] タブにあ
る「データの編集」をク
リックします。すると、
グラフ編用のExcelが
再表示され、データを修
正できるようになりま
す。

Excelに入力したデータをもとにグラフが作成されます（図23-2）。

23.2　グラフのサイズ変更と移動

　　グラフのサイズは、四隅や上下左右にある □◦ （ハンドル）をドラッグして変更します。グラフ
の位置を移動するときは、グラフを囲む枠線をドラッグします。そのほか、∩ をクリックして
グラフのレイアウトを変更することも可能です（詳しくはP80 〜 81を参照）。

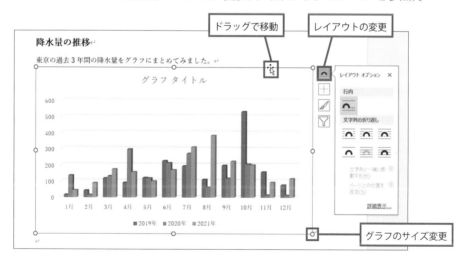

演　習

（1）**answer23-00.docx**のファイルをダウンロードし、**図23-2**に示したグラフを作成してみましょう。
　　※ https://cutt.jp/books/978-4-87783-855-3/ からダウンロードできます。
　　※P96の**図23-1**のようにデータを入力してグラフを作成します。
　　《作業後、ファイルを上書き保存しておきます》

Step 24 グラフの作成（2）

グラフ内に表示する要素を変更したり、グラフのデザインを変更したりすることも可能です。続いては、グラフをカスタマイズするときの操作手順を解説します。

24.1 グラフ内に表示する要素

グラフをクリックして選択すると、右側に4つのアイコンが表示されます。「グラフ内に表示する要素」を変更するときは、上から2番目にある ⊞（**グラフ要素**）を利用します。

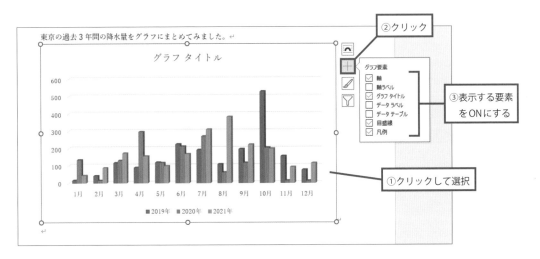

ワンポイント

数値データの表示
「データ ラベル」または「データ テーブル」をONにすると、各データの数値をグラフ内に表示できます。

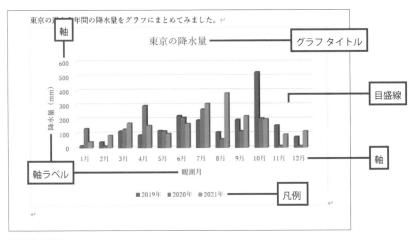

各要素の名称

「**グラフ タイトル**」や「**軸ラベル**」の文字を変更するときは、その要素をクリックして選択し、キーボードから文字を入力します。文字の書式を［**ホーム**］タブで指定することも可能です。

24.2 グラフ スタイルの変更

　グラフ全体のデザインを手軽に変更できる「**グラフ スタイル**」も用意されています。この機能を使ってグラフのデザインを変更するときは、✐（**グラフ スタイル**）をクリックし、一覧から好きなデザインを選択します。

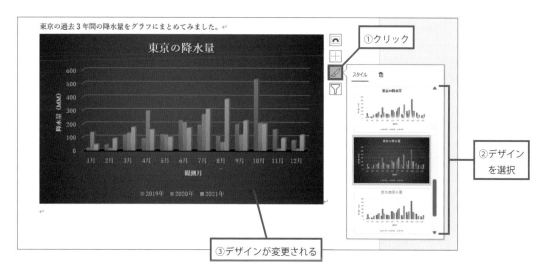

24.3 グラフ フィルターの活用

　▽（**グラフ フィルター**）は、グラフに表示するデータを限定するときに利用します。ここで不要な項目をOFFにしてから［**適用**］**ボタン**をクリックすると、そのデータを除外したグラフにカスタマイズできます。

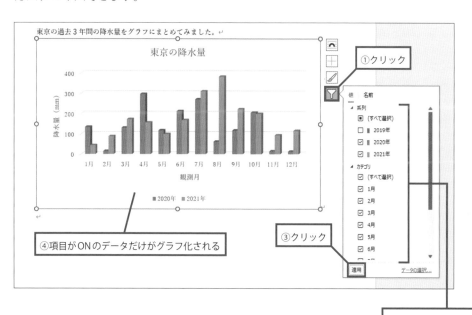

24.4 グラフのデザインの詳細設定

　グラフをクリックして選択すると、［グラフのデザイン］タブを利用できるようになります。このタブを使ってグラフ表示をカスタマイズすることも可能です。ここでは、一般的によく使用されるコマンドの使い方を紹介します。

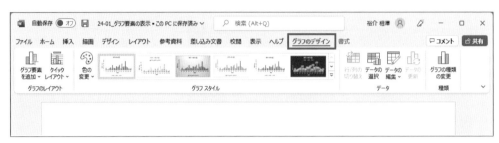

［グラフのデザイン］タブ

◆グラフ要素を追加

　グラフ内に表示する要素の表示／非表示や位置を細かく指定できます。「凡例」の位置を変更したり、縦軸（または横軸）だけに「軸ラベル」を表示したりする場合などに利用します。

◆色の変更

　一覧から「色の組み合わせ」を選択すると、グラフ全体の配色を手軽に変更できます。

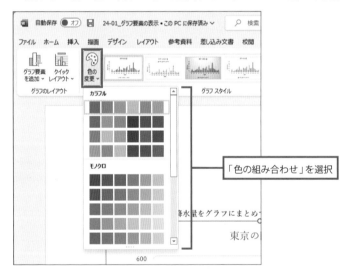

「色の組み合わせ」を選択

◆グラフ スタイル

　「グラフ スタイル」を変更できます。P99で解説した✎と同じ機能です。

◆データの編集

　グラフ作成用のExcelを表示します。グラフのデータを修正するときに利用します。

◆行／列の切り替え

データの行と列の関係を入れ替えて、グラフを作成しなおします。このコマンドを使用するときは、「データの編集」をクリックしてExcel画面を表示しておく必要があります。

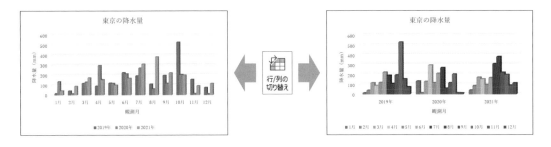

◆グラフの種類の変更

グラフの種類（棒グラフ、折れ線グラフ、円グラフなど）を後から変更できます。

そのほか、グラフ内にある各要素を**右クリック**して、「塗りつぶし」や「枠線」などを指定することも可能です。このとき、右クリックメニューから「**○○の書式設定**」を選択すると、その要素の書式を細かく指定できる設定画面が表示されます。

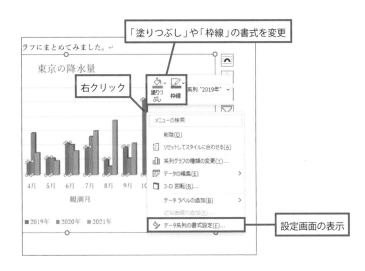

設定画面の例
（縦軸を右クリックした場合）

演習

（1）ステップ23の演習（1）で作成した文書を開き、**グラフ タイトル**に「**東京の降水量**」と入力してみましょう。また、**軸ラベル**を表示し、縦軸に「**降水量（mm）**」、横軸に「**観測月**」と入力してみましょう。

（2）**グラフ スタイル**を「**スタイル3**」に変更してみましょう。

（3）「**グラフ要素を追加**」を利用して、横軸の「**軸ラベル**」を削除してみましょう。

（4）2021年のグラフの色を「**黄**」に変更してみましょう。

SmartArtの作成（1）

Wordには、手順や関係などを図表（図形と文字）で示すことができる
SmartArtが用意れています。続いては、SmartArtを作成するときの操作
手順を解説します。

25.1 SmartArtの作成手順

SmartArtは「図形」と「文字」を組み合わせたイメージ図で、手順や構造、仕組みなどを示す
ときに利用します。SmartArtを作成するときは、以下のように操作します。

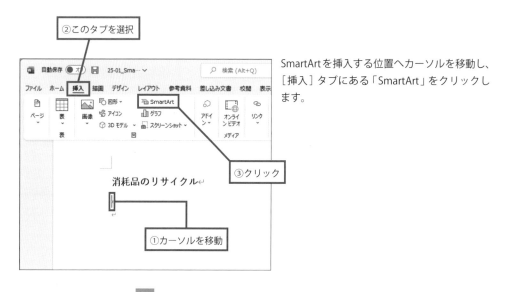

SmartArtを挿入する位置へカーソルを移動し、
［挿入］タブにある「SmartArt」をクリックし
ます。

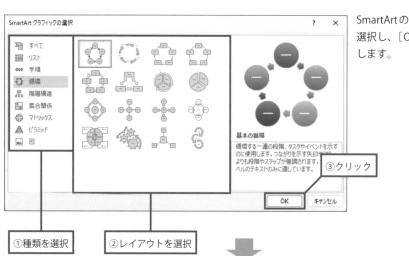

SmartArtの種類とレイアウトを
選択し、［OK］ボタンをクリック
します。

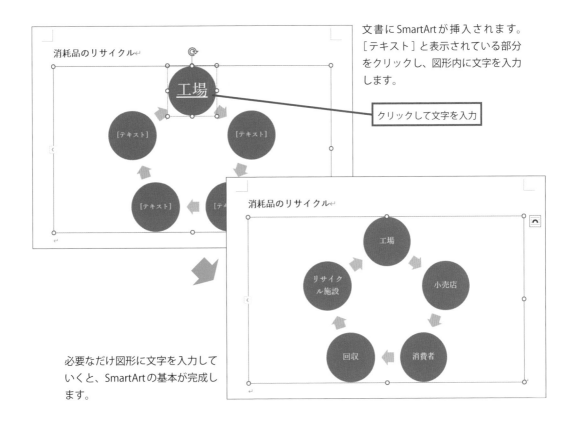

文書にSmartArtが挿入されます。
[テキスト]と表示されている部分
をクリックし、図形内に文字を入力
します。

クリックして文字を入力

必要なだけ図形に文字を入力して
いくと、SmartArtの基本が完成し
ます。

25.2 図形の追加と削除

通常、SmartArtには4〜5個くらいの図形が配置されています。ただし、この図形の数が
「説明したい内容」と必ずしも一致しているとは限りません。図形の数が足りないときは、以下
のように操作して図形を追加します。

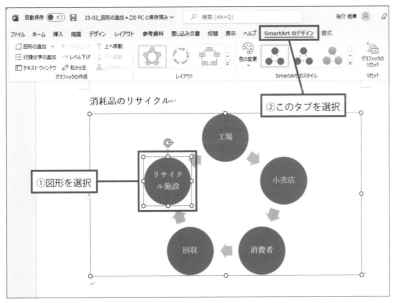

図形を選択し、[SmartArt
のデザイン]タブを選択し
ます。

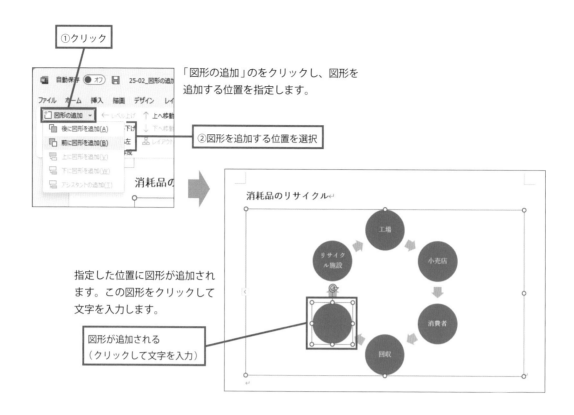

①クリック

「図形の追加」のをクリックし、図形を
追加する位置を指定します。

②図形を追加する位置を選択

指定した位置に図形が追加され
ます。この図形をクリックして
文字を入力します。

図形が追加される
（クリックして文字を入力）

先ほどの例とは逆に、「図形の数」が多すぎる場合は、キーボードの［Delete］キーを使って
SmartArtから図形を削除します。

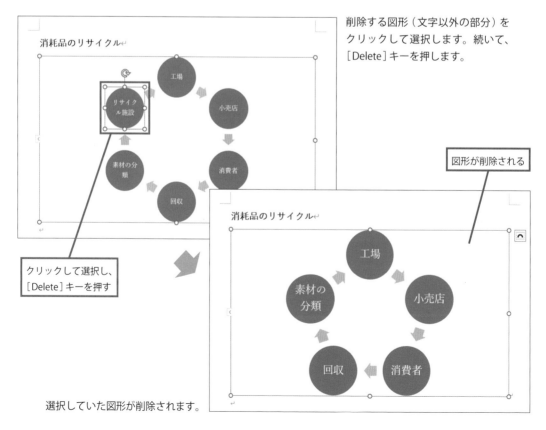

削除する図形（文字以外の部分）を
クリックして選択します。続いて、
［Delete］キーを押します。

図形が削除される

クリックして選択し、
［Delete］キーを押す

選択していた図形が削除されます。

25.3　図形内の文字の書式

　図形内に入力した文字は、文字サイズが自動調整される仕組みになっています。もちろん、自分で書式を指定することも可能です。文字の書式を変更するときは、［ホーム］タブで書式を指定します。

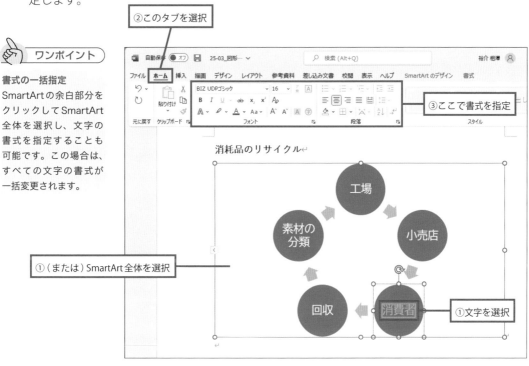

演　習

（1）Wordを起動し、以下の図のようなSmartArtを作成してみましょう。
（2）図形内の文字の書式を「MS P ゴシック、22ポイント」に変更してみましょう。
　　《作業後、文書をファイルに保存しておきます》

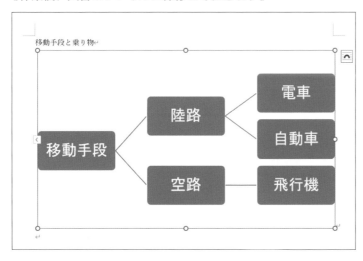

SmartArtの作成（2）

続いては、SmartArt内にある図形の「レベル」について解説します。また、SmartArtにスタイルを適用したり、図形の色を変更したりする方法も紹介します。

26.1 図形のレベル

図形に上下関係（**レベル**）があるSmartArtもあります。このようなSmartArtは、「選択した図形」の前後だけでなく、上下にも図形を追加できます。

図形を追加する位置の指定

また、図形のレベルを後から変更することも可能です。この場合は、[**SmartArtのデザイン**]タブにある「**レベル上げ**」または「**レベル下げ**」をクリックします。

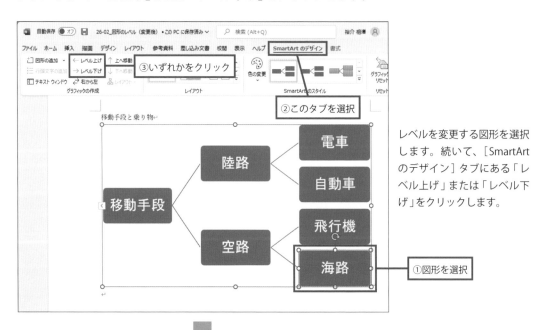

レベルを変更する図形を選択します。続いて、[SmartArtのデザイン]タブにある「レベル上げ」または「レベル下げ」をクリックします。

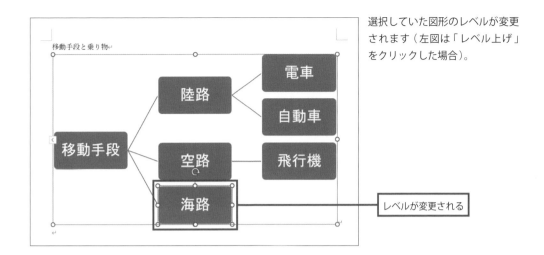

選択していた図形のレベルが変更
されます（左図は「レベル上げ」
をクリックした場合）。

レベルが変更される

26.2 SmartArtのスタイル

SmartArtのデザインを簡単に変更できる「**SmartArtのスタイル**」も用意されています。
SmartArtにスタイルを適用するときは、以下のように操作します。

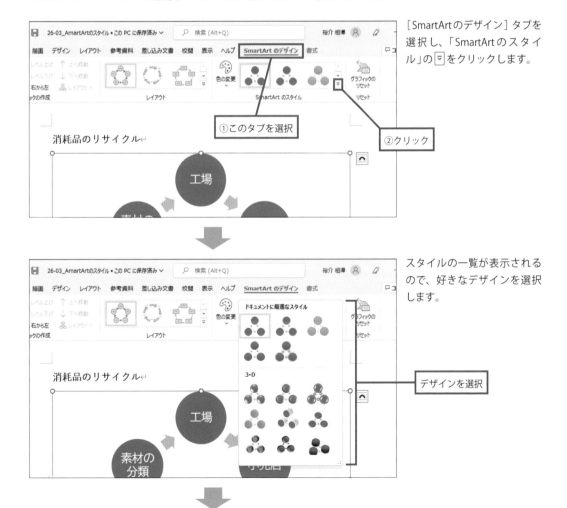

［SmartArtのデザイン］タブを
選択し、「**SmartArtのスタイ
ル**」の∨をクリックします。

①このタブを選択

②クリック

スタイルの一覧が表示される
ので、好きなデザインを選択
します。

デザインを選択

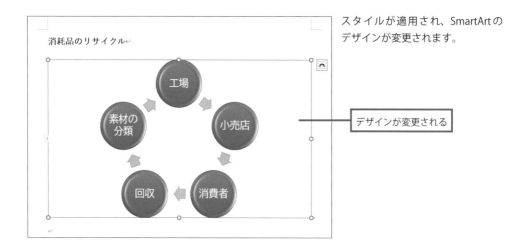

スタイルが適用され、SmartArtの
デザインが変更されます。

デザインが変更される

26.3 SmartArtの色の変更

SmartArtの色を変更したいときは「色の変更」を利用すると便利です。この一覧から好きな
「色の組み合わせ」を選択すると、SmartArt全体の色を手軽に変更できます。

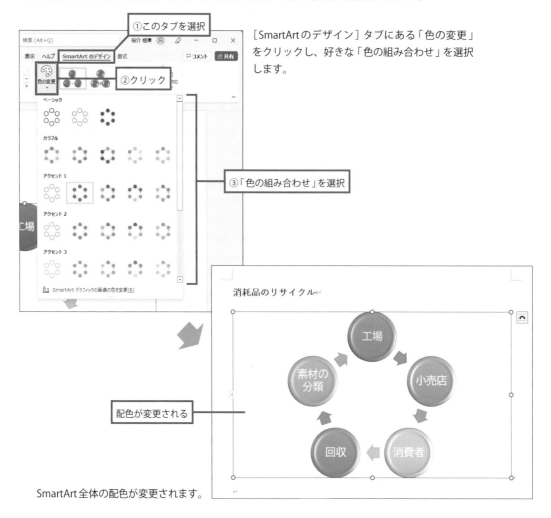

①このタブを選択

②クリック

③「色の組み合わせ」を選択

[SmartArtのデザイン] タブにある「色の変更」
をクリックし、好きな「色の組み合わせ」を選択
します。

配色が変更される

SmartArt全体の配色が変更されます。

26.4 ［書式］タブを使った書式の変更

　図形の色などを個別に指定するときは、［書式］タブにある「図形の塗りつぶし」や「図形の枠線」、「図形の効果」といったコマンドを使用します。

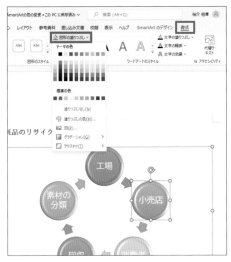
「図形の塗りつぶし」の指定

「図形の効果」の指定

 演　習

（1）ステップ25の演習（2）で保存したファイルを開き、「海路」と「船」の図形を追加してみましょう。
　　※図形内の文字に「MS P ゴシック、22 ポイント」の書式を指定します。
（2）SmartArtのスタイルを「ブロック」に変更してみましょう。
（3）「色の変更」を利用し、SmartArtの配色を「カラフル - アクセント 3 から 4」に変更してみましょう。
（4）［書式］タブを使って、「陸路」「空路」「海路」の図形の色を「薄い緑」に変更してみましょう。

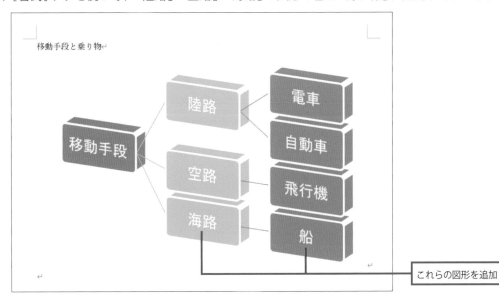

Step 27 タブの活用

文字を揃えて配置したいときは、タブを利用すると便利です。タブはキーボードの [Tab] キーを押すと入力できます。このステップでは、タブを効果的に活用する方法を解説します。

27.1 ルーラーの表示

タブを利用するときは、文字数や行数を示す**ルーラー**を表示しておくと便利です。ルーラーの表示／非表示は [表示] **タブ**で指定します。

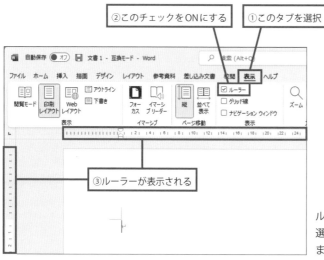

ルーラーを表示するときは、[表示] タブを選択し、「ルーラー」のチェックをONにします。

27.2 タブの概要とタブの入力

キーボードの [Tab] **キー**を押すと、カーソル位置に**タブ**を入力できます。タブは「以降の文字をタブ位置に揃える機能」で、初期設定では4文字間隔でタブ位置が設定されています。

ワンポイント

タブ記号の表示
タブを示す → の記号は、[ホーム] タブにある ↵ (編集記号の表示／非表示) をクリックすると表示できます。

タブを利用すると、以降の文字がタブ位置に揃えて配置されます。
(図の点線は、4、8、12、16文字目を示しています)

110

27.3 タブ位置の指定

タブ位置を自分で指定することも可能です。タブ位置を指定するときは、以下のように操作します。なお、タブ位置は**段落**に対して指定する書式になるため、あらかじめ対象とする段落を選択しておく必要があります。

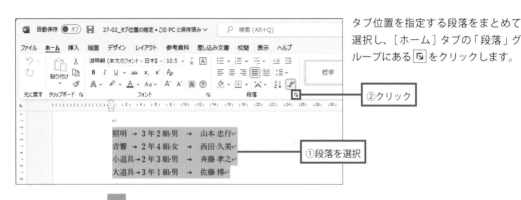

タブ位置を指定する段落をまとめて選択し、[ホーム] タブの「段落」グループにある $\boxed{\text{⅚}}$ をクリックします。

「段落」ウィンドウが表示されるので、[タブ設定]ボタンをクリックします。

タブ位置を文字数で指定し、[設定]ボタンをクリックします。

同様の操作を繰り返し、複数のタブ位置を指定することも可能です。すべてのタブ位置を指定できたら [OK] ボタンをクリックします。

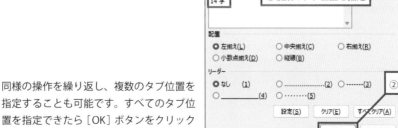

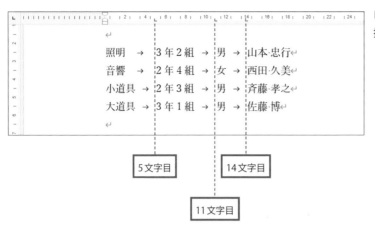

「指定したタブ位置」に文字が
揃えて配置されます。

5文字目

11文字目

14文字目

27.4 タブ位置の種類

　これまで解説してきたタブ位置は、「**左揃え**」のタブ位置となります。このほかにも、Wordには「**中央揃え**」「**右揃え**」「**小数点揃え**」といったタブ位置が用意されています。

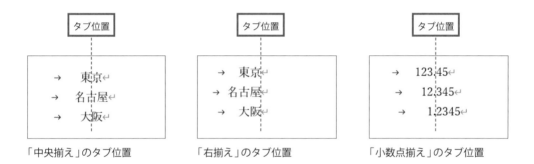

「中央揃え」のタブ位置　　　　　「右揃え」のタブ位置　　　　　「小数点揃え」のタブ位置

「縦線」のタブ位置
「縦線」のタブ位置は文
字を揃える機能ではな
く、指定した位置に縦線
を描画する機能となりま
す。

①タブ位置を文字数で指定

②タブ位置の種類を選択

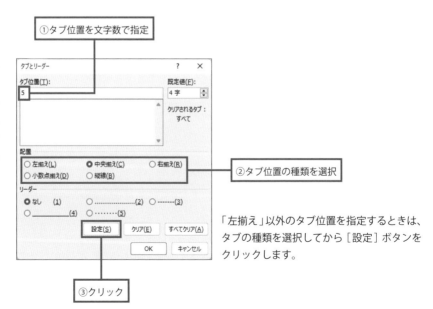

「左揃え」以外のタブ位置を指定するときは、
タブの種類を選択してから［設定］ボタンを
クリックします。

③クリック

27.5 リーダーの指定

　タブにより空けられた間隔に点線などの**リーダー**を表示することも可能です。リーダーを表示するときは、リーダーの種類を選択してから［設定］ボタンをクリックします。

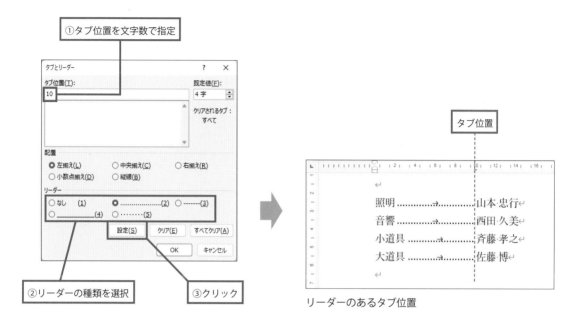

リーダーのあるタブ位置

演習

（1）**タブ**を利用し、以下の図のような文書を作成してみましょう。
　　※見出しの文字には、それぞれ以下の書式を指定します。
　　　　「コーンクリームのレシピ」‥‥‥‥‥‥‥‥ メイリオ、16ポイント、太字
　　　　「材料」‥‥‥‥‥‥‥‥‥‥‥‥‥‥‥‥‥‥‥‥‥ 太字
　　※材料を記した段落に「**20字、右揃え、リーダーの種類（5）**」のタブ位置を指定します。

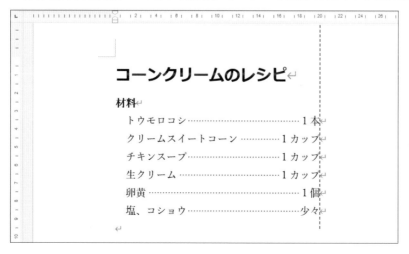

Step 28 検索と置換

Wordには、「指定した文字」を文書内から探し出してくれる検索機能が用意されています。また、「指定した文字」を「別の文字」に置き換えたいときは、置換機能を利用すると便利です。

28.1 文字の検索

文書内にある「特定の文字」を探し出したいときは、**検索**を利用すると便利です。検索機能を実行するときは、以下のように操作します。

［ホーム］タブの右端にある「検索」をクリックします。

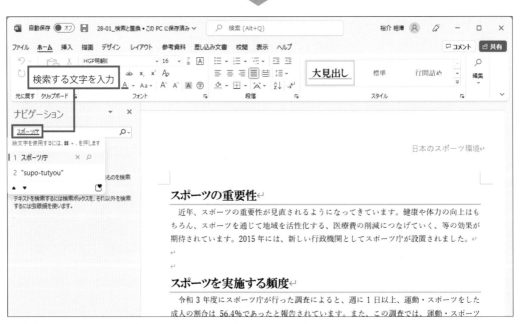

ナビゲーション ウィンドウが表示されるので、検索する文字を入力します。

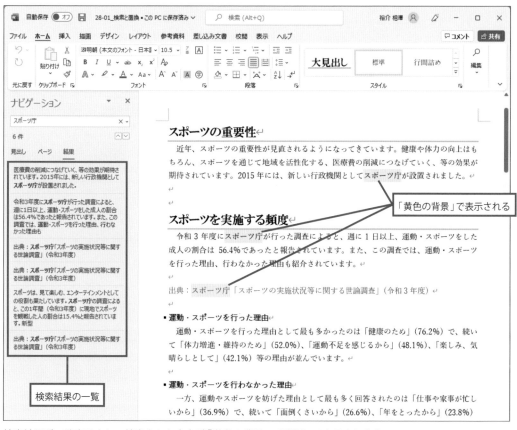

検索結果が一覧表示され、検索された文字が「黄色の背景」で強調して表示されます。

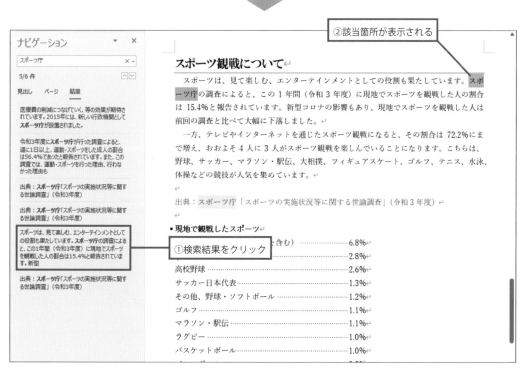

それぞれの検索結果をクリックすると、その部分まで文書が自動的にスクロールされます。

28.2 文字の置換

「指定した文字」を「別の文字」に置き換えたいときは、置換を利用すると便利です。置換を実行するときは、以下のように操作します。

[ホーム]タブの右端にある「置換」をクリックします。

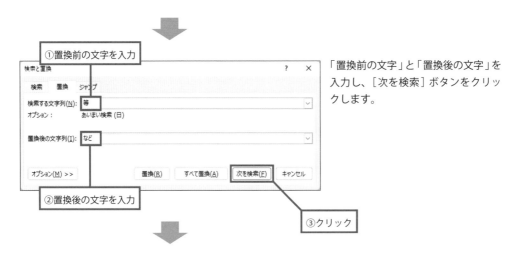

「置換前の文字」と「置換後の文字」を入力し、[次を検索]ボタンをクリックします。

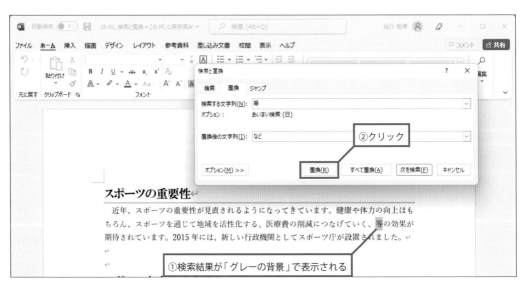

最初の検索結果が「グレーの背景」で表示されます。このまま[置換]ボタンをクリックすると…、

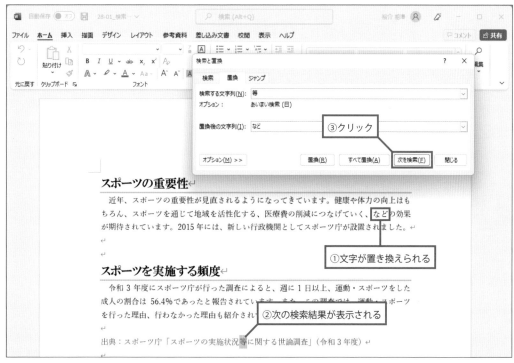

その文字が「置換後の文字」に置き換えられ、次の検索結果が表示されます。今度は、[次を検索]ボタンをクリックしてみます。

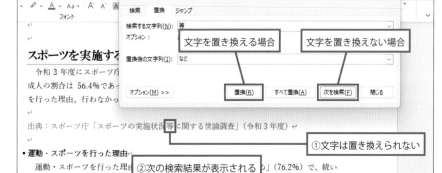

ワンポイント

すべて置換
[すべて置換]ボタンをクリックすると、すべての検索結果が「置換後の文字」に置き換えられます。ただし、文字を確認しながら置換できないため、この機能は十分に慣れてから使用するようにしてください。

この場合は、文字を置き換えることなく、次の検索結果へ移動します。文字を置き換える場合は[置換]ボタン、文字を置き換えない場合は[次を検索]ボタンをクリックする、と覚えておいてください。

演習

（1）answer28-00.docxのファイルをダウンロードし、「**サッカー**」の文字を検索してみましょう。
　　※ https://cutt.jp/books/978-4-87783-855-3/ からダウンロードできます。
（2）「**テレビ**」の文字を「**TV**」に置換してみましょう。

Step 29 変更履歴の活用

Wordには、他の人に文書をチェック（添削）してもらうときに活用できる「変更履歴」という機能が用意されています。続いては、「変更履歴」の使い方を解説します。

29.1 変更履歴を有効にする

他の人に文書をチェックしてもらうときは、「**変更履歴**」という機能を利用すると便利です。「変更履歴」を有効にするときは、以下のように操作します。

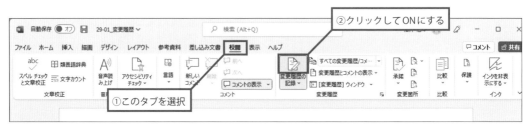

「校閲」タブを選択し、「変更履歴の記録」のアイコンをクリックします。

この状態で文書を**上書き保存**し、チェックしてくれる人に文書ファイルを送信します。

29.2 変更履歴の記録

「変更履歴」が有効の場合は、文書を受け取った人が「文字の修正」などを行ったときに、その内容が記録されるようになります。具体的には、「修正前の文字」（削除される文字）に**取り消し線**が引かれ、「修正後の文字」が**赤字**で表示されます。

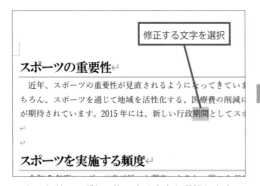

マウスをドラッグして修正する文字を選択します。

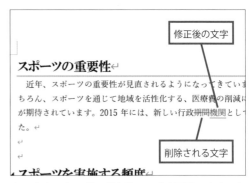

そのまま、キーボードを使って「変更後の文字」を入力します。この例では「期間」の文字を「機関」に修正しています（図29-1）。

このように、修正した部分が「取り消し線」や「赤字」で表示されるため、「どこを、どのように修正したのか？」を一目で確認できます。なお、書式を修正したときは、その変更内容が文書の右側に表示されます。

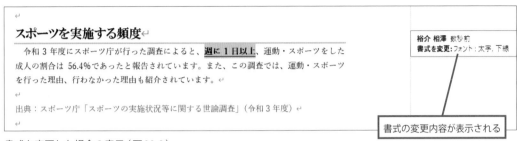

書式を変更した場合の表示（図29-2）

29.3　コメントの入力

　文字を修正するのではなく、意見などを**コメント**として書き込める機能も用意されています。文書にコメントを残すときは、以下のように操作します。

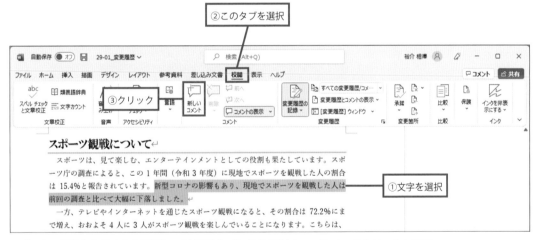

コメントの対象となる文字を選択し、［校閲］タブにある「新しいコメント」をクリックします。

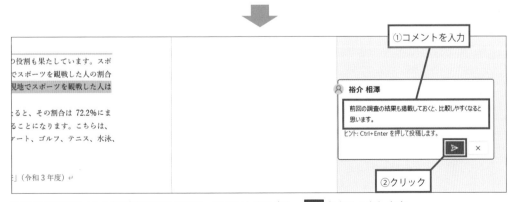

文書の右側にコメント欄が表示されるので、コメントを入力し、 ▷ をクリックします。

29.4　変更履歴の承諾

　ここからは、チェックされた文書が自分の手元に返ってきたときの操作について解説します。文書には、修正された内容が「取り消し線」や「赤字」で表示されています。これらを文書に反映させるときは、［校閲］タブにある「承諾」を使用します。

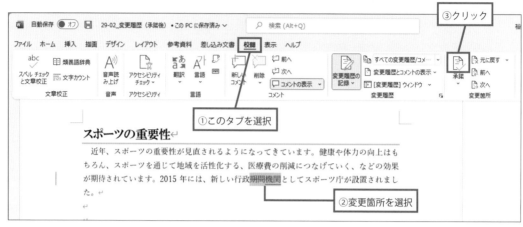

「変更箇所」の文字をドラッグして選択し、「承諾」をクリックします。

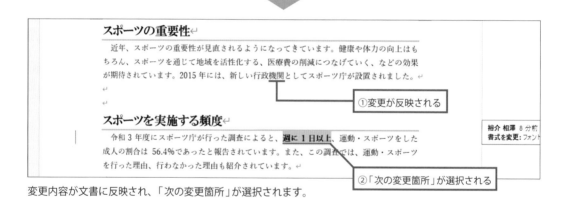

変更内容が文書に反映され、「次の変更箇所」が選択されます。

　同様の操作を繰り返して、変更内容を文書に反映していきます。なお、変更内容を反映しないで「変更前の文字」に戻したいときは、「元に戻す」を使用します。

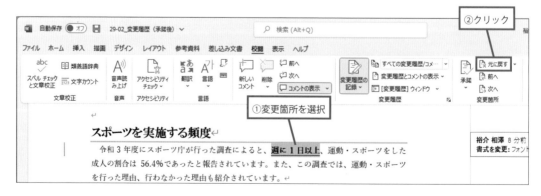

29.5 コメントの削除

文書に書き込まれた**コメント**を削除するときは、各コメントの … をクリックし、「**スレッドの削除**」を選択します。

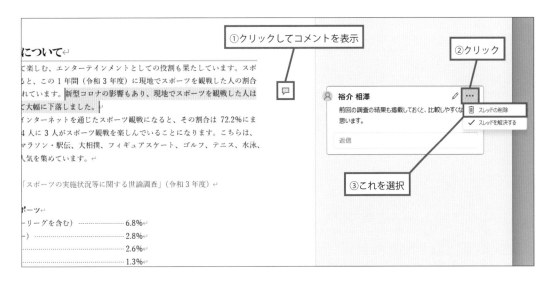

29.6 変更履歴を無効に戻す

チェックしてもらった文書を確認できたら、「**変更履歴の記録**」のアイコンをクリックしてOFFにします。これで通常の文書に戻すことができます。

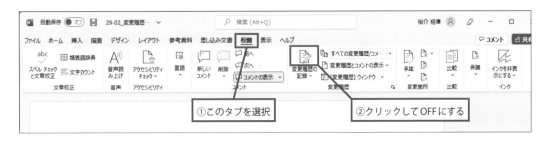

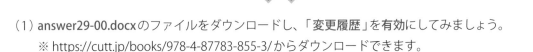

（1）answer29-00.docxのファイルをダウンロードし、「**変更履歴**」を有効にしてみましょう。
　　※ https://cutt.jp/books/978-4-87783-855-3/ からダウンロードできます。
（2）P118の図29-1のように文字を修正してみましょう。また、P119の図29-2のように書式を変更してみましょう。
（3）演習（2）で修正した内容を「**承諾**」してみましょう。
（4）「**変更履歴**」を無効に戻してみましょう。

30

数式の入力

理系の論文のように、文書に数式を入力しなければならない場合もあります。このような場合は、Wordに用意されている数式ツールを使って数式を入力します。最後に、数式ツールの使い方を解説しておきます。

30.1 数式ツールの起動と文字入力

文書に数式を入力するときは**数式ツール**を利用します。数式ツールは、以下のように操作すると起動できます。

数式を挿入する位置へカーソルを移動し、［挿入］タブにある「数式」をクリックします。

文字の斜体について
a、b、c、…などのアルファベットは「数式用の斜体」で表示されます。斜体にしたくない場合は、［数式］タブにある「テキスト」をONにしてから文字を入力します。

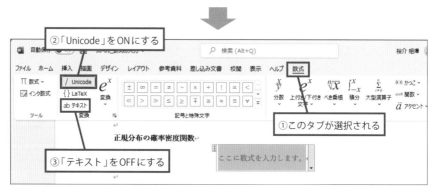

［数式］タブが選択されます。最初に、「Unicode」がON、「テキスト」がOFFになっていることを確認します。

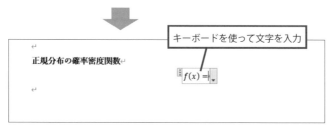

［Caps Lock］キーを押して半角入力モードに切り替えます。数式内のアルファベットや数字は、キーボードを使って入力していきます。

30.2 数式で使う記号の入力

分数や積分記号（∫）、ルート（√）、総和（Σ）など、数式ならではの記号を入力するときは、［数式］タブを利用します。たとえば、分数を入力するときは、以下のように操作します。

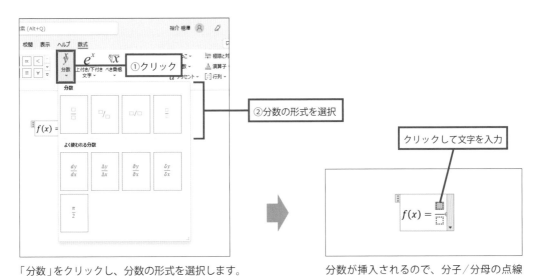

「分数」をクリックし、分数の形式を選択します。

分数が挿入されるので、分子／分母の点線枠をクリックして文字や数字を入力します。

30.3 ギリシャ文字などの入力

ギリシャ文字のように数学でよく使用する記号は、「記号と特殊文字」を使って入力します。

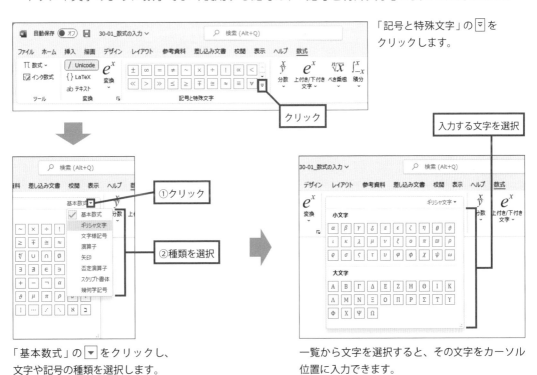

「記号と特殊文字」の▽をクリックします。

クリック

入力する文字を選択

「基本数式」の▼をクリックし、文字や記号の種類を選択します。

一覧から文字を選択すると、その文字をカーソル位置に入力できます。

30.4 かっこの入力

　かっこ内に分数などを入力するときは、キーボードを使ってかっこを入力するのではなく、[数式]タブにある「かっこ」を利用します。

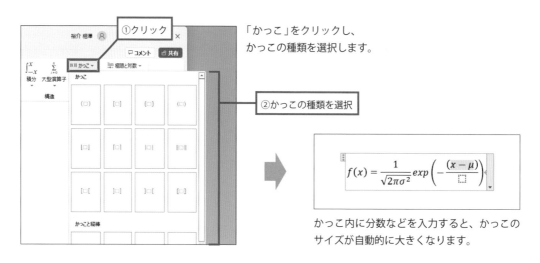

「かっこ」をクリックし、
かっこの種類を選択します。

②かっこの種類を選択

かっこ内に分数などを入力すると、かっこの
サイズが自動的に大きくなります。

30.5 上付き文字、下付き文字の入力

　べき乗や添字を入力するときは「上付き/下付き文字」を利用します。この場合は、先に文字を選択してから上付き/下付きの種類を選択します。

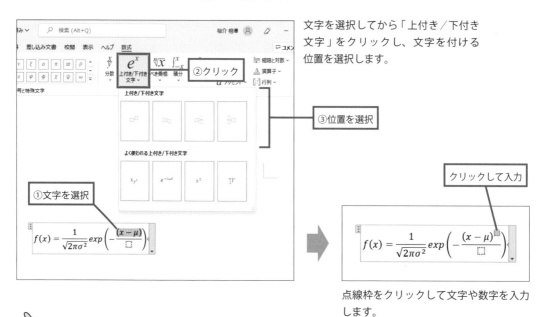

文字を選択してから「上付き/下付き
文字」をクリックし、文字を付ける
位置を選択します。

③位置を選択

クリックして入力

点線枠をクリックして文字や数字を入力
します。

👆 ワンポイント

キーボードを使った文字の選択
マウスのドラッグで文字を選択するのが難しい場合は、[Shift]キーを押しながら[→]キーを
押して文字を選択すると、目的の文字を選択しやすくなります。

30.6　数式入力の完了

数式を入力できたら、数式の右端にある をクリックし、数式の配置方法を指定します。

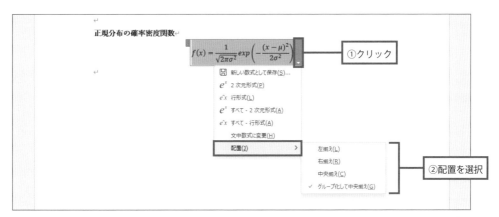

最初は「グループ化して中央揃え」で数式が配置されます。これを他の配置方法に変更するときは、「配置」の項目を利用します。

数式の配置が「指定した配置」に変更されます。

ワンポイント

数式内の文字の書式
［ホーム］タブを使って、文字サイズや文字色などの書式を変更することも可能です。
ただし、フォントを変更することはできません。

演習

（1）Wordを起動し、以下の図のような**数式**を作成してみましょう。
　　※「2次方程式の解」の文字に「太字」の書式を指定します。

（2）数式の文字サイズを「16ポイント」に変更してみましょう。また、「±」の文字色を「赤」に変更してみましょう。

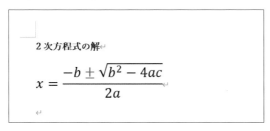

索引 Index

【英字】

OneDrive ································· 12
PDF ···································· 60
SmartArt ························· 102、106
SmartArtの作成 ······················· 102
SmartArtのスタイル ···················· 107
Webレイアウト ························· 17

【あ】

アウトライン レベル ················ 46、55
色の変更（グラフ、SmartArt） ····· 100、108
印刷の設定 ···························· 59
印刷の向き ···························· 63
印刷プレビュー ························· 58
印刷レイアウト ························· 17
インデントを増やす/減らす ············· 32
上付き ································· 22
上書き保存 ························ 12、13
閲覧モード ···························· 17
欧文フォント ·························· 19
オブジェクトの回転 ····················· 82

【か】

回転ハンドル ·························· 79
拡大 ··································· 16
囲い文字 ······························ 23
囲み線 ································· 23
箇条書き ······························ 34
下線 ··································· 22
画像 ······························ 78、82
画像の移動 ···························· 80
画像の回転 ···························· 82
画像の切り抜き ························· 82
画像のサイズ変更 ······················· 79
画像の削除 ···························· 80
画像の挿入 ···························· 78
画像の配置 ···························· 79
画像のレイアウト ······················· 80
記号と特殊文字 ························ 123
行/列の切り替え（グラフ） ············· 101
行間 ······························ 30、31
行頭文字 ······························ 34
行と段落の間隔 ························· 31
行の削除（表） ························· 68
行の挿入（表） ························· 67
行の高さ（表） ························· 75
ギリシャ文字 ·························· 123
均等割り付け ·························· 28

グラフ ···························· 94、98
グラフ スタイル ····················· 99、100
グラフ タイトル ························ 98
グラフの移動 ·························· 97
グラフのサイズ変更 ····················· 97
グラフの作成 ·························· 94
グラフの種類の変更 ···················· 101
グラフ フィルター ······················ 99
グラフ要素 ························ 98、100
グリッド線 ···························· 30
蛍光ペンの色 ·························· 23
罫線 ······························ 38、73
罫線の削除 ······················· 39、73
罫線の書式設定 ························· 73
検索 ·································· 114
コメント ····························· 119
コメントの削除 ························ 121

【さ】

軸（グラフ） ·························· 98
軸ラベル（グラフ） ····················· 98
下付き ································· 22
自動保存 ······························ 13
斜体 ··································· 22
修整（画像） ·························· 83
縮小 ··································· 16
承諾（変更履歴） ······················ 120
書体 ··································· 19
数式ツール ··························· 122
ズーム ································· 16
図形 ······························ 86、92
図形の効果 ························· 88、109
図形の削除（SmartArt） ················ 103
図形のスタイル ····················· 88、91
図形の追加（SmartArt） ················ 103
図形の塗りつぶし ··············· 87、91、109
図形のレベル（SmartArt） ··············· 106
図形の枠線 ················· 87、91、109
スタイル ·························· 42、47
スタイルの解除 ························· 43
スタイルの作成 ························· 44
スタイルの書式変更 ····················· 47
図の効果 ······························ 84
図のスタイル ·························· 84
図の枠線 ······························ 84
すべて置換 ··························· 117
すべての書式をクリア ··················· 24
セル ··································· 66

126

セルの結合	76	
セルの分割	77	
線種とページ罫線と網かけの設定	40	

【た】

縦書き	63
タブ	14、110
タブ位置	111
段落	26
段落（ウィンドウ）	31、33、46
段落記号	26
段落の書式	26、30
段落の選択	26
段落番号	35
置換	116
中央揃え	28、79
データの編集（グラフ）	100
テキストボックス	90
取り消し線	22
トリミング	82

【な】

ナビゲーション ウィンドウ	47、114
名前を付けて保存	10
日本語フォント	19

【は】

白紙の文書	7
凡例（グラフ）	98
左揃え	28
表	66、70、74
表紙	54
表示倍率	14、16
表スタイルのオプション	71
表の移動	76
表のサイズ変更	74
表の削除	68
表の作成	66
表のスタイル	70
フォーカスモード	17
フォント	19
フォント（ウィンドウ）	24
フォント サイズ	20
フォントの色	20
複数ページ	17
フッター	50
フッターの削除	51
太字	22

ふりがな	23
ページ区切り	56
ページ設定	62
ページ設定（ウィンドウ）	64
ページ番号	53
ヘッダー	50
ヘッダーとフッターを閉じる	52
ヘッダーの削除	51
変更履歴	118
変更履歴の記録	118、121
編集記号の表示／非表示	110
ポイント	20

【ま】

右揃え	28、79
目盛線（グラフ）	98
目次	55
目次の更新	56
文字色	20
文字サイズ	20、31
文字の網かけ	23
文字の効果（ワードアート）	93
文字の効果と体裁	23
文字の書式	18、22
文字の選択	18
文字の塗りつぶし（ワードアート）	93
文字の配置（テキストボックス）	91
文字の輪郭（ワードアート）	93
文字列の方向	63
元に戻す（変更履歴）	120

【や・ら・わ】

用紙サイズ	62
用紙の向き	63
余白	64
リーダー	113
リボン	14
両端揃え	28
ルーラー	110
ルビ	23
レイアウト オプション	80
列の削除（表）	68
列の挿入（表）	67
列の幅（表）	75
ワードアート	92

ご質問がある場合は・・・

本書の内容についてご質問がある場合は、本書の書名ならびに掲載箇所のページ番号を明記の上、FAX・郵送・Eメールなどの書面にてお送りください（宛先は下記を参照）。電話でのご質問はお断りいたします。また、本書の内容を超えるご質問に関しては、回答を控えさせていただく場合があります。

新刊書籍、執筆陣が講師を務めるセミナーなどをメールでご案内します

登録はこちらから

https://www.cutt.co.jp/ml/entry.php

情報演習 ㉓

Word 2021 ワークブック

2022年11月10日　初版第1刷発行

著　者	相澤 裕介	
発行人	石塚 勝敏	
発　行	株式会社 カットシステム	
	〒169-0073 東京都新宿区百人町4-9-7　新宿ユーエストビル8F	
	TEL　（03）5348-3850　　FAX　（03）5348-3851	
	URL　https://www.cutt.co.jp/	
	振替　00130-6-17174	
印　刷	シナノ書籍印刷 株式会社	

本書に関するご意見、ご質問は小社出版部宛まで文書か、sales@cutt.co.jp宛にe-mailでお送りください。電話によるお問い合わせはご遠慮ください。また、本書の内容を超えるご質問にはお答えできませんので、あらかじめご了承ください。

Cover design *Y.Yamaguchi*　　　　　　　　Copyright©2022　相澤 裕介
Printed in Japan　ISBN 978-4-87783-849-2

30ステップで基礎から実践へ！ ステップバイステップ方式で確実な学習効果をねらえます

留学生向けのルビ付きテキスト（漢字にルビをふってあります）

情報演習 **C** ステップ 30 （Windows 10 版）
留学生のためのタイピング練習ワークブック
ISBN978-4-87783-800-3／定価 880円 税10%

情報演習 **38** ステップ 30
留学生のための Word 2016 ワークブック
ISBN978-4-87783-795-2／定価 990円 税10% 本文カラー

情報演習 **39** ステップ 30
留学生のための Excel 2016 ワークブック
ISBN978-4-87783-796-9／定価 990円 税10% 本文カラー

情報演習 **42** ステップ 30
留学生のための PowerPoint 2016 ワークブック
ISBN978-4-87783-805-8／定価 990円 税10% 本文カラー

情報演習 **49** ステップ 30
留学生のための Word 2019 ワークブック
ISBN978-4-87783-789-1／定価 990円 税10% 本文カラー

情報演習 **50** ステップ 30
留学生のための Excel 2019 ワークブック
ISBN978-4-87783-790-7／定価 990円 税10% 本文カラー

情報演習 **51** ステップ 30
留学生のための PowerPoint 2019 ワークブック
ISBN978-4-87783-791-4／定価 990円 税10% 本文カラー

情報演習 **47** ステップ 30
留学生のための HTML5 & CSS3 ワークブック
ISBN978-4-87783-808-9／定価 990円 税10%

情報演習 **48** ステップ 30
留学生のための JavaScript ワークブック
ISBN978-4-87783-807-2／定価 990円 税10%

情報演習 **43** ステップ 30
留学生のための Python [基礎編] ワークブック
ISBN978-4-87783-806-5／定価 990円 税10%／A4判

留学生向けドリル形式のテキストシリーズ

情報演習 **52**　　　　　　　　　　　Word 2019 対応
留学生のための Word ドリルブック
ISBN978-4-87783-792-1／定価 990円 税10% 本文カラー

情報演習 **53**　　　　　　　　　　　Excel 2019 対応
留学生のための Excel ドリルブック
ISBN978-4-87783-793-8／定価 990円 税10% 本文カラー

情報演習 **54**　　　　　　　　　PowerPoint 2019 対応
留学生のための PowerPoint ドリルブック
ISBN978-4-87783-794-5／定価 990円 税10% 本文カラー

ビジネス演習ワークブック

ビジネス演習 **2**
留学生のための 簿記初級 ワークブック
ISBN978-4-87783-702-0／定価 990円 税10%

タッチタイピングを身につける

情報演習 **B** ステップ 30
タイピング練習ワークブック Windows 10 版
ISBN978-4-87783-838-6／定価 880円 税10%

Office のバージョンに合わせて選べる

情報演習 **26** ステップ 30
Word 2016 ワークブック　　　　　　本文カラー
ISBN978-4-87783-832-4／定価 990円 税10%

情報演習 **27** ステップ 30
Excel 2016 ワークブック　　　　　　本文カラー
ISBN978-4-87783-833-1／定価 990円 税10%

情報演習 **28** ステップ 30
PowerPoint 2016 ワークブック　　　本文カラー
ISBN978-4-87783-834-8／定価 990円 税10%

情報演習 **55** ステップ 30
Word 2019 ワークブック　　　　　　本文カラー
ISBN978-4-87783-842-3／定価 990円 税10%

情報演習 **56** ステップ 30
Excel 2019 ワークブック　　　　　　本文カラー
ISBN978-4-87783-843-0／定価 990円 税10%

情報演習 **57** ステップ 30
PowerPoint 2019 ワークブック　　　本文カラー
ISBN978-4-87783-844-7／定価 990円 税10%

Photoshop を基礎から学習

情報演習 **30** ステップ 30
Photoshop CS6 ワークブック　　　　本文カラー
ISBN978-4-87783-831-7／定価 1,100円 税10%

ホームページ制作を基礎から学習

情報演習 **35** ステップ 30
HTML5 & CSS3 ワークブック [第 2 版]
ISBN978-4-87783-840-9／定価 990円 税10%

情報演習 **36** ステップ 30
JavaScript ワークブック [第 3 版]
ISBN978-4-87783-841-6／定価 990円 税10%

コンピュータ言語を基礎から学習

情報演習 **31** ステップ 30
Excel VBA ワークブック
ISBN978-4-87783-835-5／定価 990円 税10%

情報演習 **32** ステップ 30
C 言語ワークブック 基礎編
ISBN978-4-87783-836-2／定価 990円 税10%

情報演習 **6** ステップ 30
C 言語ワークブック
ISBN978-4-87783-820-1／定価 880円 税10%

情報演習 **7** ステップ 30
C++ ワークブック
ISBN978-4-87783-822-5／定価 880円 税10%

情報演習 **33** ステップ 30
Python [基礎編] ワークブック
ISBN978-4-87783-837-9／定価 990円 税10%

この他のワークブック、内容見本などもございます。
詳細はホームページをご覧ください
https://www.cutt.co.jp/

ローマ字一覧

あ行

あ	A_ち	
い	I_に	
う	U_な	
え	E_いい	
お	O_ら	
ぁ	X_さ	A_ち
ぃ	X_さ	I_に
ぅ	X_さ	U_な
ぇ	X_さ	E_いい
ぉ	X_さ	O_ら

か行

か	K_の	A_ち	
き	K_の	I_に	
く	K_の	U_な	
け	K_の	E_いい	
こ	K_の	O_ら	
きゃ	K_の	Y_ん	A_ち
きゅ	K_の	Y_ん	U_な
きょ	K_の	Y_ん	O_ら

さ行

さ	S_と	A_ち	
し	S_と	I_に	
す	S_と	U_な	
せ	S_と	E_いい	
そ	S_と	O_ら	
しゃ	S_と	Y_ん	A_ち
しゅ	S_と	Y_ん	U_な
しょ	S_と	Y_ん	O_ら

た行

た	T_か	A_ち	
ち	T_か	I_に	
つ	T_か	U_な	
て	T_か	E_いい	
と	T_か	O_ら	
ちゃ	T_か	Y_ん	A_ち
ちゅ	T_か	Y_ん	U_な
ちょ	T_か	Y_ん	O_ら

な行

な	N_み	A_ち	
に	N_み	I_に	
ぬ	N_み	U_な	
ね	N_み	E_いい	
の	N_み	O_ら	
にゃ	N_み	Y_ん	A_ち
にゅ	N_み	Y_ん	U_な
にょ	N_み	Y_ん	O_ら

は行

は	H_く	A_ち	
ひ	H_く	I_に	
ふ	H_く	U_な	
へ	H_く	E_いい	
ほ	H_く	O_ら	
ひゃ	H_く	Y_ん	A_ち
ひゅ	H_く	Y_ん	U_な
ひょ	H_く	Y_ん	O_ら

ま行

ま	M_も	A_ち	
み	M_も	I_に	
む	M_も	U_な	
め	M_も	E_いい	
も	M_も	O_ら	
みゃ	M_も	Y_ん	A_ち
みゅ	M_も	Y_ん	U_な
みょ	M_も	Y_ん	O_ら